Walter Gebhardt

Über die Bastardierung von Rana esculenta mit Rana arvalis

Walter Gebhardt

Über die Bastardierung von Rana esculenta mit Rana arvalis

ISBN/EAN: 9783743401099

Hergestellt in Europa, USA, Kanada, Australien, Japan

Cover: Foto ©ninafisch / pixelio.de

Manufactured and distributed by brebook publishing software
(www.brebook.com)

Walter Gebhardt

Über die Bastardierung von Rana esculenta mit Rana arvalis

Aus der entwickelungsgeschichtlichen Abteilung des Breslauer anatomischen Instituts.

Über die Bastardierung von Rana esculenta mit Rana arvalis.

(Ein weiterer Beitrag zur Bastardierung zwischen den einheimischen Anurenarten.)

Inaugural-Dissertation

welche

nebst den beigefügten Thesen

mit Genehmigung der

medicinischen Fakultät der Kgl. Universität Breslau

zur Erlangung der

Doktorwürde in der Medicin und Chirurgie

Montag, den 31. Dezember 1894, 9 Uhr vormittags,

im Musiksaal der Universität

öffentlich verteidigen wird

Walter Gebhardt,

Volontärarzt am kgl. pathol. Institut der Universität Breslau.

Opponenten:

Dr. **Stolper,** Assistenzarzt am kgl. pathol. Institut.
Dr. **Eckardt,** Assistenzarzt am kgl. pathol. Institut.
cand. med. **Lachmann.**

Breslau 1894.
Druck der Breslauer Genossenschafts-Buchdruckerei, Eing. Gen. m. u. H.

Die Anregung zu vorliegender Arbeit verdanke ich Herrn Prof. Dr. Born, und es ist mir eine angenehme Pflicht, ihm für die überaus liebenswürdige Unterstützung, die er mir bei Anfertigung derselben mit Rat und That angedeihen liess, meinen herzlichsten Dank auszusprechen.

Gleichzeitig kann ich auch nicht umhin, Herrn cand. med. Lachmann, der mir gleichfalls in uneigennütziger Weise seine Hilfe gewährte, an dieser Stelle bestens zu danken.

Die Versuche, verschiedene Arten von Amphibien zu bastardieren, sind nicht mehr ganz neu. Der Wert dieser Versuche liegt darin, dass einmal aus ihnen Ergebnisse für die Systematik gewonnen werden können und gewonnen worden sind, insofern als aus ihnen, bezw. aus Ergebnissen mehr negativer Art, auf die artliche Verschiedenheit der miteinander zur Befruchtung verwendeten Exemplare geschlossen werden kann. Andererseits bieten sie uns eine eigenartige Methode zu Untersuchungen über die normalen Entwickelungsvorgänge. Denn bei ihnen ist die Veränderung der einzelnen Faktoren für die Entwickelung, wie sie derartige Experimente verlangen, auf eine mehr physiologische Weise bewirkt, als bei den vielen modernen Arbeiten auf dem Gebiete der Entwickelungsmechanik, bei denen dem Experiment mehr rein physikalische Faktoren dienstbar gemacht werden. Dies ist wohl der Hauptgrund, warum in jüngster Zeit die sog. Bastardierungsversuche ein wenig in den Hintergrund getreten sind. Aber wenn auch ein physiologischer Faktor den Übelstand hat, dass die Grenzen seines Wirkungskreises viel schwerer bestimmbar sind, als die eines physikalischen, so hat er doch unleugbar andererseits den Vorteil, dass er bei biologischen Versuchen dem Objekt in dessen Wesen vielmehr angemessener Weise gegenübertritt, dass er den normalen Vorgängen analoger eingreift.

1

Es scheint uns deshalb grade jener mehr mechanischen
Richtung des embryologischen Studiums gegenüber nicht
undankbar, auch an die andere, mehr physiologisch-bio-
logische Untersuchungsmethode durch vorliegende Arbeit
zu erinnern.

Wenn man die häufige Verwendung unserer einheimischen
Amphibien einerseits in Laboratorien recht verschiedener
Disciplinen, die Häufigkeit von Bastardierungsvorgängen
bei andern Tierklassen andererseits erwägt, so wird man
sich nicht wundern, dass die ältesten Bastardierungsversuche mit Amphibien schon recht lange her sind, umsoweniger, als sich ein besonderes Interesse an ihnen in so-
fern immer darbot, als niemals mit Sicherheit natürliche
Amphibienbastarde bekannt geworden sind.

So gab sich denn auch schon Spallanzani in seiner
Schrift »Versuche über die Erzeugung der Tiere und
Pflanzen«, mit derartigen Versuchen ab und zwar mit
gänzlich negativem Erfolge.

Nach ihm stellte Rusconi[1]) ähnliche Versuche an, die
ganz ähnliche Resultate hatten, wie die späteren Borns
über denselben Gegenstand, auf welche wir unten zu
sprechen kommen.

Sein Nachfolger auf diesem Gebiete war de l'Isle[2])
dessen Versuche, als nicht über allen Einwand erhaben,
schon Pflüger[3]) genugsam kritisiert hat. Schon 1879 folgte
der seinigen eine Arbeit Latastes,[4]) in welcher dieser er-
zählt, dass er vergeblich versucht habe, zwischen Männchen

[1]) Rusconi, M.: Über künstliche Befruchtung von Fischen und
über einige neue Versuche in betreff künstlicher Befruchtung an
Fröschen. 4. Brief an Herrn Prof. E. H. Weber. Archiv f. Anat. u.
Phys. von Müller 1840.

[2]) A. de l'Isle: De l'Hybridation chez les Amphibiens. Annales
des Sciences naturelles. V. Serie. zoologie. Tome XVII. 1873.

[3]) Pflügers Archiv. Bd. 29. 1882. Die Bastardzeugung bei den
Batrachiern.

[4]) Lataste, F.: Tentatives d'Hybridation chez les batraciens
anoures et urodèles. — Extrait du Bulletin de la Société zoologique
de France pour l'année 1878; Paris 1879.

und Weibchen verschiedener Urodelen-Arten eine natürliche Befruchtung herbeizuführen. (Da bei den Urodelen bekanntlich eine innere Befruchtung stattfindet, so dürfte eine künstliche ausserhalb des elterlichen Körpers vorgenommene schon von vornherein wenig Aussicht auf Erfolg haben, wie auch durch spätere Versuche in dieser Richtung gezeigt worden ist.) Andererseits will Lataste mit Erfolg zwei verschiedene Pelobates-Arten mit einander bastardiert haben. Doch zeigten die erzogenen Larven durchweg Monstrositäten, was mit den andern, über die Amphibienbastardierung gewonnenen Resultaten durchaus nicht im Einklange steht. Speziell die betreffende Bastardierung ist übrigens seither nicht wiederholt worden, ohne Zweifel aus Mangel an geeignetem Tiermaterial.

Alle die angeführten Versuche sind sämtlich ohne die nötigen Vorsichtsmassregeln, auf die wir gleich zu sprechen kommen wollen und ohne die man hier unmöglich vor Täuschungen bewahrt bleiben kann, angestellt. Es bleiben uns somit nur je zwei Arbeiten von Pflüger und Born, welche die letzten auf diesem Gebiete und allein geeignet sind, für weitere Versuche eine feste Basis abzugeben. Die zeitlich erste ist eine Arbeit von Pflüger,[1]) die mit einer grösseren Anzahl nahe verwandter Arbeiten zusammen 1882 erschien. In diesen letzteren hatte Pflüger gezeigt, dass die Concentration der bei künstlicher Befruchtung verwandten Samenflüssigkeit von grosser Wichtigkeit für den auszuübenden Effekt sei. Ferner wies er bei beiden Eltern im Momente der Befruchtung vorhandene Hochbrunst als den günstigsten Zustand für das Gelingen dieser nach. In zwei anderen Arbeiten führt er einmal den für die Beurteilung des Erfolges jeder künstlichen Befruchtung sehr wichtigen Nachweis, dass eine parthenogenetische Furchung bei Amphibieneiern nicht vorkommt; in der andern zeigt er, dass auch die Verwendung

---

[1]) Pflüger. Die Bastardzeugung bei den Batrachiern. Pflügers Archiv. Bd. XXIX.

überreifer Eier die Chancen der künstlichen Befruchtung
verschlechtert.

In der Einleitung zu seinen Bastardierungsversuchen
bespricht er die Unwahrscheinlichkeit des Vorkommens
natürlicher Amphibienbastarde, bezw. die Unrichtigkeit der
gegenteiligen Angaben. Dann folgt eine Kritik der älteren
Bastardierungsversuche, in der Pflüger mit Recht hervorhebt, dass nur Kontrollversuche, nach allen Richtungen angestellt, im stande seien, einer Beobachtung auf diesem
Gebiete Anerkennung zu sichern.

In Bezug auf die Methodik unserer Versuche hat Pflüger
eigentlich grundlegend gewirkt. Da er die Wichtigkeit
der Hochbrunst auf beiden Seiten im Augenblick der Befruchtung kannte, liess er sich bei denjenigen Arten, deren
Laichzeiten bei uns in gröberer Weise differieren, jedesmal
die früher laichende Art aus nördlicheren, die später
laichende aus südlicheren Fundorten schicken. Übrigens
gelang es ihm auch so nicht, die Unterschiede in der
Laichzeit ganz unschädlich zu machen, eine Erfahrung, die
leider auch einmal bei Anfertigung der vorliegenden Arbeit
gemacht werden musste, und an der die für das Frühjahr
1894 geplante Wiederholung unserer Versuche scheiterte.
Pflüger half sich geeignetenfalls dadurch, dass er die um-
armten Paare gleich nach Empfang trennte, Männchen und
Weibchen getrennt in Körbe mit Moos verpackte und sie
so an kühlem, dunklem Orte aufbewahrte. Mit Recht
warnt er dabei vor Anwendung zu niederer Temperatur-
grade, wie es auch vor ihm schon Spallanzani[1]) gethan
hatte. Pflüger gewann bei seinen Versuchen Resultate
von allgemeinerem Interesse, die wir ganz kurz erwähnen
müssen.

Erstens hob er mit Recht hervor, dass man eine Bastardierung überhaupt als erfolgreich bezeichnen müsse, wenn
nur Befruchtung des Eies dabei eintrete, möge die nach-

---

[1]) Spallanzani. l. c.

folgende Entwickelung lang oder kurz, regelmässig oder
unregelmässig sein. Zweitens zeigte er, dass der Erfolg einer Bastardierung
durchaus nicht reziprok zu sein braucht.

Drittens trat stets normale Befruchtung ein, wenn in
dem die Eier beherbergenden Gefäss Spermatazoën derselben und einer fremden Art gleichzeitig vorhanden waren.
Doch genügte eine Minute Vorsprung für die fremden
Spermatazoën, um einzelne Eier für die Befruchtung mit
der eigenen Art unempfänglich zu machen.

Viertens erwähnt er, dass für das Gelingen der Bastardierung alle für das Gelingen der normalen Befruchtung
günstigen Faktoren gleichzeitig und in viel höherem Masse
vorhanden sein müssen, um sie überhaupt zu ermöglichen.

Die uns in vorliegender Arbeit speziell beschäftigende
Bastardierung führte Pflüger in dieser ersten Versuchsreihe
nicht aus, da er zunächst nicht über geeignetes Material
von Rana arvalis verfügte, welche bei Bonn nicht vor-
zukommen scheint.

Die nächste Arbeit stammt von Born.[1]) Sie enthält
eine eingehende Schilderung der angewandten Versuchs-
methodik, die hier übergangen werden soll, weil sie fast
in ihrem ganzen Umfange auch bei vorliegender Arbeit
Anwendung gefunden hat und somit weiter unten, soweit
nötig, angeführt ist.

Born experimentierte bei diesen Versuchen u. a. in der
Absicht, den Einfluss der Concentration der Samenflüssigkeit auf die Bastardierung zu erfahren und fand, dass
schon bei einer Verdünnung des Samens, die die Eier der
eignen Art noch lange sämtlich zur Entwickelung brachte,
die Bastardbefruchtung vollkommen fehlschlug.

Gleichzeitig gelang es Born bei denselben Versuchen
zum ersten Mal sichere Bastardlarven zu erhalten und auf-
zuziehen.

---

[1]) Dr. G. Born: Beiträge zur Bastardierung zwischen den einheimischen Anurenarten. Bonn 1883. Pflügers Archiv Bd. XXXII.

Die schon von Pflüger beobachtete unregelmässige
Furchung der Eier führte Born auf Polyspermie zurück.
Das Fehlen natürlicher Bastarde führt Born auf die
bei der Entleerung stattfindende zu grosse Verdünnung des
Samens mit Wasser zurück. Ferner hätten selbst wirklich
(sicherlich nur in geringer Anzahl) entstandene Bastarde
bei der grossen prozentischen Mortalität der im Freien
aufwachsenden Amphibienlarven nur geringe Chancen, am
Leben zu bleiben und drittens säben die Bastarde meist
noch der Mutter zum Verwechseln ähnlich.

In dieser Versuchsreihe experimentierte Born auch mit
Rana esculenta und Rana arvalis, und zwar befruchtete er
Eier der Rana esculenta mit dem Samen von freilich längst
nicht mehr brünstigen Männchen von Rana arvalis. Die
Eier furchten sich regelmässig ab und gelangten so bis
zur »Sandsteinformation«, einzelne bis zu den allerersten
Stadien der Gastrulation.

Speziell bei dieser Bastardierung bezeichnet es Born
als ein notwendiges Postulat, sich beide Eltern in möglichst
gleichzeitigem Brunststadium zu verschaffen, um die Ent-
scheidung darüber treffen zu können, wieviel von der
mangelhaften Weiterentwickelung auf unabänderliche Eigenschaften der beiderseitigen Geschlechtsprodukte und wieviel
auf die verschiedene Zeit der Brunst zu schieben sei.

Born beobachtete fast überall eine Verzögerung der
Entwickelung der Bastarde gegenüber der der normalen.

Gleichzeitig mit dieser ersten Arbeit Borns gelangte
die zweite Versuchsreihe von Pflüger, die dieser zusammen
mit Smith [1]) anstellte, in die Öffentlichkeit. Ein Teil dieser
Arbeit bestätigt wesentlich die Resultate der Bornschen
Versuche, auch hinsichtlich der Aufzucht von lebenden
Bastarden.

Dann folgen Versuche mit der Bastardierung von Rana
esculenta und Rana arvalis, zu denen Pflüger durch von
Born ausgegangene Sendungen brünstiger Ranae arvales

---

[1]) Pflügers Archiv. XXXII. Bd. 1893.

in den Stand gesetzt war. Die Bastardierung Rana esculenta und Rana arvalis ergab ganz regelmässige und aus-
nahmslose Furchung, doch starben die Eier sämtlich noch
vor Anlegung des Embryo ab. Dieser Versuch wurde
mehrfach, immer mit gleichem Erfolge wiederholt. Genau
dasselbe Resultat ergab auch der reziproke Versuch. Auch
hier waren nie beide Teile gleichzeitig brünstig.

Zum Schluss der Arbeit giebt Pflüger eine Tabelle
aller bis damals angestellten Bastardierungsversuche mit
den Resultaten.

In einer unmittelbar an diese Arbeit sich anschliessen-
den theoretischen Besprechung stellt Pflüger seine Theorie
über die Bastardbefruchtung auf, welche sich auf die
anatomische Basis der Untersuchungen über die Gestalt
der Spermatozoën der einzelnen Arten stützt und in praxi
sich bis jetzt ausnahmslos als zutreffend erwiesen hat.

Die letzte der der vorliegenden über die Amphibienbastardierung vorangegangenen Arbeiten ist die zweite von
Born.[1])

Born moniert hier an der Pflügerschen Theorie das
nachgewiesene Nichtvorhandensein einer Mikropyle.

Diesmal wurde es ihm durch eine Sendung brünstiger
Ranae esculentae aus Neapel ermöglicht, eine Bastardierung
von R. e. ♂, R. a. ♀ vorzunehmen, bei der beide Teile
brünstig waren. Die reziproke Bastardierung scheiterte
an der Unbrauchbarkeit der mitgesandten R. e. ♀ R. e. ♀.
Dieselben hatten grösstenteils abgelaicht. Eins hatte ver-
dorbene Eier im Uterus, wenige noch solche in den
Ovarien. Diese letzteren waren gleichfalls unbrauchbar,
weil bei Rana esculenta in der Gefangenschaft die Eier
nie das Ovarium verlassen, um in den Uterus überzutreten,
wie schon Pflüger in der ersten Arbeit hervorhebt. Von
den mit dem Samen der R. e. ♂ befruchteten R. a.-Eiern

---

[1]) »Weitere Beiträge zur Bastardierung zwischen den einheimischen
Anurenarten.« Von G. Born. pros. et prof. extra-ord. Archiv. f. mikr.
Anat. Bd. XXVII.

gelangte ein einziges bis zum Schlusse des Rusconischen Afters.

Die Wiederholung der Befruchtung von hiesigen Esculenta-Eiern mit dem Samen der zu dieser Zeit längst nicht mehr brünstigen Arvalis-Männchen ergab genau denselben Erfolg wie im vorhergehenden Jahre.

Gelegentlich eines andern Versuchs fand Born in einem Falle grosse Annäherung der lebensfähigen Bastarde an die väterliche Art.

Am Schluss der Arbeit stellt Born eine Stufenleiter der Entwickelungsfähigkeit auf, die zu einem Teil auch in vorliegender Arbeit eine Bestätigung erfährt.

Bezüglich der Bastardierung von Rana esculenta mit Rana arvalis ist also zusammenfassend zu sagen:

Nur einmal ist ihre eine Seite, nämlich die Bastardierung R. e. ♂ R. a. ♀ unter beiderseits vorhandener Brunst von Born ausgeführt worden.

In allen andern Versuchen war immer nur der eine Teil brünstig.

Die meisten Eier in allen Versuchen brachten es nur bis zur Sandsteinformation. Nur wenige kamen bis zu den Anfängen, nur eins, in dem oben erwähnten Bornschen Versuche, bis zum Schlusse des Rusconischen Afters.

Über die Gründe des Stebenbleibens der Entwickelung wurden genauere Erhebungen, soviel uns bekannt, nicht angestellt.

Es erschien daher nicht undankbar, mit dieser Bastardierung unter Herstellung möglichst günstiger Verhältnisse noch einen Versuch zu machen. Jedenfalls war aber soviel aus den zitierten Versuchen hervorgegangen, dass, wenn überhaupt, eine Entwickelung bis zum fertigen Bastard nur dann erhofft werden könne, wenn beide Eltern in voller Hochbrunst sich befänden. Gleichzeitig hatte es sich auch gezeigt, dass bei der grossen Differenz der beiderseitigen

Laichzeiten bei uns, diese Übereinstimmung nur dann erhalten werden kann, wenn die später laichenden Ranae esculentae aus sehr weit südlich gelegenen Orten, mindestens aus Neapel bezogen werden. Infolgedessen setzten wir uns mit Herrn Professor Dr. Schönlein, zur Zeit an der zoologischen Station zu Neapel, in Verbindung, welchem ich für sein überaus liebenswürdiges Eingehen auf meine Wünsche an dieser Stelle meinen ergebensten Dank ausspreche. Herr Professor Schönlein versorgte uns denn auch in den beiden aufeinanderfolgenden Frühjahren 1893 und 1894 reichlich mit Sendungen von brünstigen Ranae esculentae. Leider konnten trotzdem die 1893 angestellten Versuche im nächsten Jahre nicht mehr wiederholt werden, da wegen des in ganz Italien dieses Frühjahr einsetzenden, ungewöhnlich kalten Wetters, die Laichzeit der Rana esculenta in Neapel so spät fiel, dass weder hier in Breslau, noch auch von Herrn Professor Dr. Braun aus Königsberg, dem ich für seine Bemühungen gleichfalls herzlich danke, mehr brünstige Ranae arvales zu erhalten waren. Dies war umsoweniger möglich, als bei uns, grade umgekehrt wie in Italien, das Frühjahr 1894 durch besonders warme Witterung ausgezeichnet war. Die Ranae arvales hatten denn auch Ende März bereits sämtlich abgelaicht und es war trotz aller Versprechungen, die wir unserem Froschfänger machten, späterhin nicht mehr möglich, auch nur ein brünstiges Paar zu erhalten. Übrigens waren auch 1893 die Ranae esculentae noch etwas gegen die hiesigen Ranae arvales im Rückstande, so dass sich vielleicht der Bezug aus noch südlicheren Gegenden (es ist uns nicht bekannt, ob Rana esculenta noch südlicher vorkommt,) empfehlen würde. Übrigens lässt sich selbst noch bei einer Differenz von 14 Tagen der Versuch mit immerhin hochbrünstigen Tieren anstellen, wenn man nur sofort in der Pflügerschen Weise für geeignete Aufbewahrung der in Umarmung gefangenen Tiere sorgt.

Hier sei auch noch erwähnt, dass trotz sehr sorgfältiger Packung die Ranae esculentae den Transport entschieden schlecht vertrugen, besonders gilt das von denjenigen, aus oben erwähntem Grunde grade allein brauchbaren, Weibchen, welche die Eier schon im Uterus haben. Grade von diesen kam die Mehrzahl tot an und die Obduktion zeigte dann mehrfach, dass einer oder beide Uteri geplatzt und die Eier in die Bauchhöhle des Tieres ausgetreten und etwas gequollen waren. Übrigens war auch der Prozentsatz der unterwegs abgestorbenen Männchen, sowie solcher Weibchen, welche die Eier noch im Ovarium hatten, ein sehr hoher.

Was die Behandlung der in unsern Besitz gelangten Tiere betrifft, so konnten wir uns vollkommen den von Pflüger und Born angewandten Methoden anschliessen. Je nach Umständen wurden die getrennten Tiere in verschiedene Aquarien, Männchen und Weibchen, getrennt untergebracht, oder mit Moos in Körben, ebenfalls die Geschlechter getrennt, verpackt und an kühlem, dunklem Orte stehen gelassen. Letzteres Verfahren bildete übrigens aus naheliegenden Gründen im ersten Jahr die Ausnahme und war im zweiten, wegen der zu grossen Differenz der Laichzeiten, erfolglos.

Bei der Vornahme der Befruchtung wurde immer zuerst das Weibchen derjenigen Art getötet, deren Eier mit dem Samen der andern befruchtet werden sollten. Dabei war überhaupt kein Männchen der zugehörigen Art im Zimmer anwesend. Die Tötung der, übrigens auch schon vorher gänzlich von dem zugehörigen andern Geschlecht getrennt gehaltenen Tiere geschah in bekannter Weise durch Dekapitation und Zerstörung von Gehirn und Rückenmark vermittelst einer in sie eingeführten Sonde. Der Tötung ging jedesmal eine gründliche Desinfektion (zur Vernichtung etwa noch anhaftender Spermatozoën eigner Art) in Gestalt eines mehrere Minuten dauernden Bades in einem Gefäss mit $\frac{1}{2}$ bis 1 prozentiger Salzsäure voraus, wobei auf gründliches, vollständiges Untertauchen der Tiere geachtet wurde·

Danach wurden die Tiere noch gründlich unter der Leitung abgespült und kamen nach der Tötung auf einer

schon vorher zurecht geschnitteneu, vollkommeu lufttrockeuen,
mehrfachen Lage Filtrirpapier auf ein vollkommeu reines
und trockenes Brettchen zu liegen. Alle zur Benutzung
bei den Versuchen bestimmten Instrumente kamen nach
sorgfältiger mechanischer Reinigung in ein hohes Gefäss
mit absolutem Alkohol, aus dem sie zum unmittelbaren Ge-
brauch herausgelangt und in das sie nach demselben sofort
wieder zurückgestellt wurden. Alle bei den Versuchen benutzten Schalen etc. waren vollkommen lufttrocken und
standen die Nacht über im Ofenröhr. Alle benutzten Wisch-
tücher kamen direkt aus der Wäsche. Es braucht kaum
gesagt zu werden, dass auch alle an den Versuchen be-
teiligten Personen sich vorher gründlich mit dem Säure-
gemisch desinfizierten.

Die Reihenfolge in der Tötung der benutzten Tiere war
stets die folgende, (wenn A die eine, B die andere Art
bedeutet): 1. Weibchen A, 2. Männchen B, 3. eventuell
Männchen einer dritten Art, 4. Männchen A. Der reziproke
Versuch wurde nie gleichzeitig vorgenommen.

Die Eier wurden nach Öffnung des, wie oben beschrieben,
hergerichteten Tieres den Uteris mit einem sorgfältig ge-
reinigten und durch Erhitzen über der Flamme desinfizierten
Objektträger entnommen und direkt in die betreffende
Samenflüssigkeit (s. u.) bezw. die Kontrolleier in Wasser
versenkt.

Die Bereitung der Samenflüssigkeit geschah stets durch
möglichst ausgiebiges Zerschneiden des ganzen Urogenital-
tractus des verwendeten Männchens auf einem Objektträger
und Verteilung des erhaltenen Breis in einem kleinen Uhr-
schälchen mit Wasser. Nach erfolgter Befruchtung erst
kamen dann die Eier in mehr Wasser, um eine ausgiebige
Quellung der Gallerthüllen zu ermöglichen und so das
Auftreten von Zwangslagen des Dotters zu verhüten, wie
sie in unvollständig gequollenen Eiern wegen mangelhafter
Bildung des perivitellinen Spaltraums beobachtet und bekanntlich zum Teil zu entwickelungsmechanischen Experi-
menten benutzt worden sind.

Stets wurde nach Beendigung des eigentlichen Ansatzes zum Versuch der Rest der Eier in Wasser versenkt. Nie hat sich, mit einer einzigen Ausnahme (s. u.), eins dieser Wassereier auch nur spurweise weiter entwickelt. Von den sich entwickelnden Eiern wurde in Intervallen die durch das Fortschreiten der Entwickelung bedingt waren, jedesmal eine gewisse Anzahl zur späteren mikroskopischen Untersuchung konserviert. Diese Konservierung geschah, abgesehen von einigen minder günstig ausgefallenen Versuchen mit anderen Fixierungsmethoden; für die allererstesten Stadien durch Einlegen in heisses Wasser, für die späteren durch Einlegen in Schultzesche wässrige Chromessigsäure. Das Nähere darüber, sowie über die Weiterbehandlung folgt unten, zusammen mit der mikroskopischen Technik.

Was die Weiterbehandlung der übrigen Eier anbetrifft, so blieben dieselben nur während der allerersten Stadien in grösseren Ballen zusammen in einer Schale. Später wurden sie, ihrem wachsenden Sauerstoffbedürfnis entsprechend, in möglichst kleine, womöglich nur 4 bis 7 Eier enthaltende Klümpchen zerschnitten und diese in einer grossen flachen Schale verteilt. Die Eier standen den Tag über, so lange beobachtet wurde, grösstenteils bei Zimmertemperatur, einige Male auch, um die Entwickelung zu beschleunigen, auf dem Brütofen oder auf dem Fenster in der Sonne. Diese Fälle sind bei der Beschreibung des Versuchsverlaufs jedesmal angeführt. Die Nacht über, d. h. von abends 11 bis morgens 8 Uhr wurden bei den ersten Versuchen die Eier unter die nur $+ 6 - 7^\circ$ C. warme Leitung gestellt, so dass ihre Weiterentwickelung fast sistierte. Den nächsten Morgen kamen sie dann zumeist wieder zurück in Zimmertemperatur. Die allerletzten Stadien der erreichten Entwickelung wurden in einigen Fällen in fortwährend durchlüftete Aquarien gebracht und daselbst bis zum definitiven Stillstande der Entwickelung belassen. Die normal befruchteten Eier wurden bis zum Länglichwerden bezw. bis zum nahe bevorstehenden Ausschlüpfen beobachtet.

Auf eine Aufzucht der normalen Quappen wurde verzichtet, weil dieselbe einmal nach dem erreichten Stadium als sicher möglich angenommen werden konnte und weil sie andererseits, wie wir sehen werden, ein besonderes Interesse bei dem eigentümlichen Ausgange der Versuche nicht bot.

Was endlich die mikroskopische Untersuchung des konservierten Materials betrifft, so wurde, wie schon oben bemerkt, ein Teil der Eier durch Einlegen in heisses Wasser getötet und fixiert. Wir haben mit dieser Methode die besten Resultate erreicht, wenn wir Wasser von ca. 90°, d. i. solches, welches noch eben gekocht hatte, 5 bis 6 Minuten auf die, nie mehr wie 4 bis 10 Eier enthaltenden, Klümpchen einwirken liessen. Dann kamen die Eier in kaltes Wasser und wurden, sobald es unsere Zeit erlaubte, mit Scheere und Pinzette ausgepellt. Dann kamen sie in allmählich steigenden Alkohol, bis sie für die definitive Verarbeitung in 80prozentigem aufgehoben wurden.

Die in wässeriger Chromessigsäure konservierten Eier wurden nach 24stündigem Wässern durch Schütteln in einer Mischung von 1 Teil Eau de Javelle zu 5 bis 6 Teilen Wasser von ihren Gallerthüllen befreit und sodann in der von Born angegebenen Weise, durch Berühren mit einer heissen Nadel und Abziehen der geplatzten Dotterhaut mit der Pinzette ausgepellt. Auch hier folgte Nachbehandlung mit bis auf 80 Prozent ansteigendem Alkohol.

Bei der weiteren Verarbeitung kam ausschliesslich die Paraffinserienmethode zur Anwendung. Doch waren die Vorbereitungen zur Einbettung untereinander etwas verschieden. Ein Teil der Eier kam aus dem 80prozentigen Conservierungsalkohol zunächst in 96prozentigen, dann auf 24 Stunden in absoluten. Aus diesem gelangten sie, wieder auf 24 Stunden, in wasserfreies Anilinöl und aus diesem in gewechseltes Xylol oder Toluol auf abermals 24 Stunden. Dann wurde das Xylol oder Toluol durch frisches ersetzt und diesem in bekannter Weise, zuerst bei Zimmertemperatur, Paraffin zugebrockt. Mit steigender Concentration kam das Gemisch erst auf, dann in den Brüt-, zuletzt auf den Paraffinofen, bis sich auch hier nichts mehr lösen wollte. Dann wurde das Gemisch samt dem Objekt in ein offen im Paraffinofen stehendes Schälchen mit Paraffin ausgegossen, zum Schluss die Eier aus diesem in ein Schälchen mit reinem Paraffin übertragen. Die Zeit, welche sie in diesem belassen wurden, war je nach (oft rein äusserlichen) Umständen recht verschieden. Sie betrug einige Male $\frac{1}{2}$ Stunde, andere Male 48 und selbst 72 Stunden, wohlgemerkt, immer unter Verwendung eines genau regulierten Thermostaten. Wir haben aus der längeren oder kürzeren Dauer des Verweilens im Paraffin niemals einen nachweislichen Nachteil für die Güte, die Schneid- und Färbbarkeit des Objekts erwachsen sehen. Wohl aber konnten wir konstatieren, dass eine halbe Stunde die äusserste, noch zulässige, untere Grenze für die erforderliche Dauer der Paraffineinwirkung darstellt.

Später wurde, ohne ersichtlichen Nachteil, einfacher verfahren. Die Eier kamen direkt aus dem Aufbewahrungsgläschen in den innersten Cylinder eines mit Alkohol absolutus und Cuprum sulfuricum ustum gefüllten Schultzeschen Dialysators, in welchem sie 24 Stunden oder länger verblieben. Auch so erfolgte eine sehr vollkommene Entwässerung, welche Überführen der Eier direkt in Bergamott- oder dickes Cedernholzöl gestattete. Nach 24 Stunden kamen sie aus diesem in reines Paraffin.

Verwendet wurde ausschliesslich hartes Paraffin von einem Schmelzpunkt von 52 bis 54° C, welches konstant bei 56° flüssig erhalten wurde.

Die Eier wurden darauf nach Borns Methode mittelst Orthostaten in bestimmter Orientierung in Schnittblöcke gebracht und vermittelst Beckerscher Mikrotome in Serien von teils 5, teils 10 μ Dicke zerlegt, wobei wegen der Härte des verwendeten Paraffins durchweg der Bornsche Schnittstrecker in Anwendung blieb, welcher durch Ermöglichung schnellsten Arbeitens bei dem Umfang des zu

bewältigenden Materials ganz ausgezeichnete Dienste leistete.
Die Schnitte wurden teils mit Strasserscher Klebmasse,
teils nach Altmann, mittelst Wasser, Alkohol a͞a auf den
auf einem Heiztischchen erwärmten Objektträger aufgelegt.
Die mit Alkohol aufgelegten wurden nach dem Trocknen
mit dünner Klebemasse überstrichen.

Bei der Färbung der Schnitte wurde, nach mehreren
Versuchen, die kaum einen wesentlichen Vorzug der einen
oder der andern Färbemethode erkennen liessen, schliesslich
ganz allgemein für solche Eier, welche durch heisses Wasser
und Alkohol fixiert worden waren, Färbung mit alkoholischem
Grenacherschem Boraxkarmin, 24 Stunden lang, angewandt,
mit nachfolgendem, je nach Umständen verschieden langem
Ausziehen in ganz schwachem, ($\frac{1}{8}$ bis $\frac{1}{4}$ prozentigem), 70-
prozentigem Salzsäurealkohol, dem soviel der konzentrierten,
wässrigen Lösung von Orange-G. zugesetzt wurde, dass etwa
die Farbe des Rhein- bis Ungarweines entstand. Darauf
folgte Entsäuerung der Präparate durch 24 stündiges Stehen
in 70 prozentigem, über Kreide stehendem Alkohol. Darauf
folgten, der Reihe nach, 80 prozentiger, 96 prozentiger, abso-
luter, über Cuprum sulfuricum ustum stehender und, um
Ablösen der Schnitte zu hindern, mit Chloroform versetzter,
Alkohol, Xylol und Kanadabalsam.

Für die mit Chromessigsäure nach Schultze fixierten
Eier kam die Heidenhainsche Hämatoxylin - Eisenalaun-
färbung in Anwendung, teils mit Nachfärbung mit Orange G,
dessen konzentrierte wässerige Lösung der 1 prozentig verwandten Eisenalaunlösung zugesetzt wurde, teils mit minuten-
langer Verfärbung mit $\frac{1}{16}$ prozentiger Eosin-Lösung. Übrigens
kam die letztere Färbemethode auch vielfach ganz allgemein, auch für durch heisses Wasser-Alkohol konservierte
Schnitte, zur Anwendung.

Endlich wurden noch ungefärbte Schnitte in Balsam
untersucht, die in ihrer Art bei Amphibieneiern, namentlich
in Bezug auf Pigmentierung, recht gute Bilder geben.

Wenden wir uns nun zur Beschreibung der einzelnen Versuche, so müssen wir vorausschicken, dass sämtliche hier erwähnte Versuche schon im Frühjahr 1893 angestellt worden sind, dass aber teils widrige, äussere Umstände, teils die trügerische Hoffnung auf Wiederholung der Versuche im Frühjahr 1894, endlich nicht zum kleinsten Teil die zeitraubende Arbeit des Serienschneidens selbst die Publication immer wieder hinausschoben.

Der erste Versuch wurde am 30. März 1893 angestellt. Ein Männchen von Rana esculenta, welches vor zwei Tagen aus Neapel gekommen und dort am Anfange der Brunst der dortigen Rana esculenta gefangen worden war, mit schönen grauen Daumenschwielen, wurde in oben beschriebener Weise zur Bereitung der Samenflüssigkeit verwendet und ergab, da seine Hoden gross und auch die Samenblasen gut gefüllt waren, eine ziemlich erhebliche Menge trüber Flüssigkeit, in welche die Eier eines vorher ebenso desinfizierten, getöteten und geöffneten Weibchens von Rana arvalis zum Teil versenkt wurden. Dasselbe war vor 1 oder 2 Tagen gefangen und von dem auf ihm sitzenden Männchen getrennt worden. Sämtliche Eier waren im Uterus. Die Befruchtung erfolgte um 9,51 h vormittags. Zur Kontrolle kam ein zweiter Teil der Eier desselben Weibchens in die von einem gleichfalls kurz vorher gefangenen hochbrünstigen Männchen der Rana alvaris bereitete Samenflüssigkeit und zwar um 10,10 h. Der Rest der Eier endlich kam in reines Wasser. Bezeichnen wir diese Gruppen der Einfachheit halber der Reihe nach mit A, B, C.

Um 10,15 h. wurde allen Dreien noch mehr Wasser zugesetzt, um eine ausgiebige Quellung der Gallerthüllen und Bildung des perivitellinen Spaltraumes zu ermöglichen. — Danach zeigte sich 15 Minuten später, also 10,30 h. vormittags, bei den Gruppen A und B, dass fast alle Eier, als Zeichen der eingetretenen (normalen und Bastard-) Befruchtung ihren animalen Pol nach oben gekehrt hatten.

Bei der Gruppe C war die Drehung noch vollkommen ausgeblieben.

Um 10,59 h wurden wegen der niederen Zimmertemperatur alle 3 Schalen auf den Brütofen gesetzt (ca. 20° Celsius). 12,10 h. nachmittags waren die Eier in C noch immer nicht gedreht. In A und B war äusserlich keine weitere Veränderung sichtbar.

1,15 h nachmittags trat in A und B bei allen nachgesehenen Eiern die erste Furche einfach und regelmässig auf. Von A und B wurde je eine Portion Eier zur späteren mikroskopischen Untersuchung in heisses Wasser eingelegt. In C war keine Spur von Veränderungen zu sehen.

2,23 h nachmittags trat ganz gleichmässig in A und B bei fast sämtlichen Eiern die zweite Furche auf und zwar einfach und regelmässig.

Wiederum werden Eier durch heisses Wasser getötet und weiter conserviert. 2,45 h. ist die zweite Furche bei sämtlichen Eiern von A und B vollendet. Die Wassereier (C) sind noch immer ungefurcht und ungedreht.

3,15 h. begann bei A und B die Bildung der dritten Furche in der überwiegenden Mehrzahl regelmässig und einfach. Es zeigten sich nur ganz vereinzelte unbedeutende Unregelmässigkeiten.

3,30 h. hatten fast sämtliche Eier in A und B die dritte Furche einfach und regelmässig gebildet. Ganz vereinzelte Eier zeigten sich schon weiter gefurcht, teilweise mit geringfügigen Unregelmässigkeiten. In beiden Gruppen wurden auch jetzt wieder Eier eingelegt.

6,18 h. nachmittags waren in A und B alle Eier grob durchgefurcht. Wieder wurden einige Eier eingelegt; die übrigen kamen zurück auf den Brütofen.

11,15 h. nachmittags zeigten sich in A und B alle Eier fein durchgefurcht. Von beiden wurde abermals eingelegt, dann kamen die Eier über Nacht in die Kaltwasserleitung.

Am nächsten Tag um 9,00 vormittags kamen die Eier, die sich, der niedrigen Temperatur des Leitungswassers angemessen, fast gar nicht weiter entwickelt hatten, auf den Brütofen zurück.

Kurze Zeit danach werden von A und B (9,45 vormittags) wieder einige Eier eingelegt.

Um 12,45 h. nachmittags werden noch einige Eier von A eingelegt.

Die Wassereier (C) sind noch immer unverändert, ungedreht und ungefurcht und werden weggethan.

Um 3,58 h. und 7,15 h. nachmittags wurde nochmals je eine Portion Eier von A eingelegt.

Es zeigte sich nachträglich, dass die Eier von 7,15 nachmittags bereits im Beginne des Rusconischen Afters standen.

10,20 nachmittags wurden abermals Eier von A und B eingelegt und die übrigen wieder über Nacht unter die Leitung gestellt.

Den 1. April 1893

9,30 h. vormittags schwammen durch ein Versehen die Kontrolleier in den Ausguss des Zimmermannschen Spülapparats. Die Eier von A zeigten schönen Rusconischen After. Sie wurden um 5,40 h. nachmittags in ein ständig durchlüftetes Aquarium gethan. Der Rusconische After dieser Tags über im Zimmer gestandenen Eier begann schon Andeutungen von Schluss zu zeigen.

Den 3. April 1893.

Die Eier im Aquarium sind auch heute noch nicht zum Schlusse des Rusconischen Afters gelangt; möglicherweise infolge der niederen Temperatur des sie umgebenden Wassers. Dieselbe beträgt nur $+ 11^0$ C.

Den 4. April 1893.

Von den Eiern, welche sich im Aquarium befinden, war schon gestern eine Anzahl in eine flache Schale mit Wasser gethan und auf den Brütofen gesetzt worden, um zu sehen, ob der Schluss des Rusconischen Afters, welcher im Aquarium durch die Kälte des Wassers sehr verzögert erschien, hier weiter fortschreiten würde. Heut zeigte sich, dass dies nicht eingetreten war. Vielmehr zeigte sich ein

Teil der der grösseren Wärme ausgesetzt gewesenen Eier
verfärbt, wie abgestorben aussehend. Andere zeigten
im Perivitellinraum die von den Versuchen Pflügers und
Borus her berüchtigten »weissen Bröckel«. Der »Halbmond«
oder das »Hufeisen« des Rusconischen Afters ist weit, die
ihn beschreibende dunkle Linie ganz schmal geblieben.
Es wurden zum Vergleich eine Anzahl der im Aquarium
gebliebenen Eier heraufgeholt. Dieselben sahen besser aus.
Zwar ist auch bei ihnen der Rusconische After erst huf-
eisen- oder gar erst halbmondförmig, doch fehlen bei ihnen
die verdächtigen weissen Bröckel.

Dass der Rusconische After noch so weit vom Schlusse
entfernt war, konnte noch immer wohl auf die niedere
Temperatur des Aquarienraums geschoben werden. Die
heraufgeholten Eier wurden (13 an der Zahl) in heissem
Wasser getötet. Sie erwiesen sich beim Auspellen als
excessiv zerbrechlich, weshalb ihre Anzahl durch noch neu
heraufgeholte andere verstärkt werden musste. 5,00 h.
nachmittags wird abermals eine Anzahl Eier aus dem
Aquarium untersucht. Ihr Aussehen stimmt vollkommen
mit dem der vormittags untersuchten überein. Immer noch
sieht man die ursprüngliche Einstülpungsquelle des Urmundes wie einen kleinen Schlitz offen stehen, während
der übrige Teil des Hufeisens kaum angedeutet erscheint.
Somit ist von einem völligen Schlusse des Urmundes keine
Rede. Eine Anzahl Eier wurde in Chromessigsäure nach
Schultze eingelegt.

Den 5. April 1893.

Die auf dem Ofen stehenden Eier sehen noch grade
so wie gestern aus, nur scheinen noch viele neuerdings
abgestorben zu sein. Der Rest der Eier wird in heisses
Wasser eingelegt. Nur die kleinsten aber lassen sich
auspellen.

Den 6. April 1893

wurden abermals dem Aquarium Eier entnommen. Auch
bei diesen ist noch nichts von einem ringförmigen Schluss
des Rusconischen Afters zu sehen. Zum Teil wurden diese

2*

Eier in Chromessigsäure eingelegt. Der Urmund ist bei
allen in der ersten Anlage stehen geblieben, die eine kleine,
quere bis dreieckige, deutlich klaffende Spalte darstellt.
Die Seitenteile des Urmundes sind entweder gar nicht
angedeutet oder doch nur als feine schwarze Linie sichtbar.
Zuletzt wurden am

8. April 1993

12,45 h. nachmittags Eier aus dem Aquarium geholt. Da
auch sie ganz das oben beschriebene Stadium ohne weitere
Veränderungen zeigen, wird dieser Versuch damit als abgeschlossen betrachtet.

Das etwas verschiedene Resultat, welches unsre einzelnen
Versuche ergaben, lässt eine kurze Epikrise jedes einzelnen
wünschenswert erscheinen. Hier gestaltet sich dieselbe
folgendermassen:

1) Fehlerhafte Befruchtung mit dem Samen der eigenen
Art erscheint ausgeschlossen, da die Wassereier keinerlei
Anzeichen der Entwickelung boten.

2) Anormale Beschaffenheit von Ei und Sperma ist
nicht wahrscheinlich wegen der anscheinend normalen
Entwickelung der normal befruchteten Eier.

3) Eine Verzögerung in der Entwickelung der Bastarde
in den ersten Stadien, gegenüber derjenigen der normal
befruchteten, war nicht zu konstatieren, vielmehr hielten
beide gleichen Schritt bis zur Anlage des Rusconischen
Afters.

4) Die Bastarde bildeten den Rusconischen After, ohne
es aber bis zum Schlusse desselben zu bringen.

5) Die Anlage von Rückenwülsten wurde bei keinem
beobachtet.

Wenn somit das Resultat dieses Versuches mit den bis
jetzt bei dieser Bastardierung von Pflüger und Born gewonnenen übereinstimmt, so ist dies weniger bei dem
zweiten analogen Versuche der Fall, dessen Schilderung
wir hier kurz folgen lassen:

Besagter Versuch II wurde am 1. April 1893 angestellt.

Zuerst wurde wieder unter den üblichen Vorsichtsmassregeln ein ausserordentlich grosses, frisch eingebrachtes
Weibchen von Rana arvalis getötet. Dasselbe hatte alle,
diesmal nahe an 3000 Eier im Uterus. Zur Bereitung
der Samenflüssigkeit wurden diesmal 4 Männchen von
Rana esculenta verwendet, die erst am 25. März von
Neapel abgegangen waren.

Dieselben hatten sehr gut entwickelte Daumenschwielen.
Die Zerkleinerung ihrer Urogetinalapparate ergab mit
64 ccm Wasser noch eine recht trübe Flüssigkeit.

Durch Einlegen in diese wurden die Eier des R. a. ♀
zu einem Teile um 9,38 h. vormittags befruchtet (A). Ein
zweiter Teil kommt in eine Samenflüssigkeit, stammend
von 2 hochbrünstigen, blauen, den vorhergehenden Tag
frisch gebrachten Männchen von Rana arvalis (B).

Der Rest endlich kommt, wie beim vorigen Versuch, in
reines Wasser (C). 11,35 vormittags wurde von A und B
je eine Anzahl der sämtlich gedrehten Eier durch heisses
Wasser abgetötet und in bekannter Weise konserviert, um
ein Stadium kurz vor dem äusserlich sichtbaren Eintreten
der ersten Furche zur mikroskopischen Untersuchung zu
erhalten.

Diese zeigte jedoch, vermutlich der niederen Temperatur
wegen, eine auffällige Verzögerung, so dass 12,30 h. die
Schalen mit den Eiern auf den Brütofen gestellt wurden,
wo ihr Wasser eine höchste Temperatur von + 20° C
annahm.

Dennoch war um

1,30 h. noch nichts von der ersten Furche zu sehen,
die aber dann ziemlich bei allen Eiern gleichzeitig um
1,50 h. auftrat. Von diesen Eiern wurde wieder eingelegt.

2,33 h. trat bei einem der normal befruchteten und

2,39 h. bei 2 Bastarden die zweite Furche regelmässig
und einfach auf.

3,58 h. zeigt der grösste Teil der Bastarde die regelmässige und einfache dritte Furche; die anderen Eier sind
schon weiter gefurcht.

Genau dasselbe Verhalten zeigen die Eier B.

4,15 h. bis 4,20 h. sind die Eier A und B ganz grob durchgefurcht. Von beiden wurde eingelegt.

10,30 h. sind beide ziemlich fein gefurcht und kommen sie wieder die Nacht über unter die Kaltwasserleitung, nachdem noch einmal von beiden eingelegt wurde.

Die Wassereier hatten keine Spur von Weiterentwickelung gezeigt und wurden weggethan.

Den 2. April 1893

8,25 h. vormittags zeigten sich in A und B alle Eier fein durchgefurcht. Die Hälfte der Eier kommt zur Beschleunigung ihrer Entwickelung auf den Brütofen, wo die Temperatur des sie umgebenden Wassers + 20° C erreichte. Die andere Hälfte bleibt auf dem Fenster stehen.

5,45 h. nachmittags wird von A und B und zwar von den Brütofen- und den Fenstereiern getrennt (also 4 Portionen) eingelegt.

Den 3. April 1893

9,00 h. vormittags zeigen alle Eier A und B den Rusconischen After, der sich um

11,45 bis 12,00 vormittags zu schliessen beginnt. Alle Eier kommen ins Aquarium.

4,00 nachmittags wurden übrigens einige Eier von A wieder auf den Brütofen zum Treiben gestellt.

Bis hierher, also bis zum beginnenden Schluss des Rusconischen Afters war wieder kein Unterschied in der Entwickelung der bastardierten und der normalen Eier, weder zeitlich noch qualitativ, noch der Zahl nach zu bemerken.

Den 4. April 1893

war bei vielen der am vorhergegangenen Tage nachmittags 4 Uhr auf den Brütofen gestellten Eier von A der Rusconische After schon ziemlich klein geworden.

Bei den Eiern B, um dies hier gleich vorweg zu nehmen, schloss er sich im Laufe dieses Tages durchgehends punktförmig.

12,40 h. nachmittags sah man bei den Bastarden, welche den Rusconischen After geschlossen hatten, deutlich einen Teil der Eioberfläche durch eine Ringfurche abgegrenzt. Bei vielen dagegen war es bei dem halbmond- bis hufeisenförmigen Ansatz geblieben, so dass dieselben dann genau so aussahen, wie die Eier vom 30. März (s. oben). An einzelnen Eiern, bei denen der Urmund schon recht klein ist, sieht man nach oben von demselben eine Rinne abgehen, welche aussieht wie eine Andeutung der Rückenrinne. Die Eier kommen wieder auf den Brütofen zurück. Gleichzeitig wurde eine Probe der Bastardeier aus dem Aquarium entnommen und untersucht.

Diese Eier sahen kaum anders aus, als die vom Brütofen, d. h. bei den meisten ist der Rusconische After geschlossen und schon ziemlich klein. Auch diese Eier werden teils in heisses Wasser, teils in Chromessigsäure eingelegt. Von den ersteren liessen sich nur sehr wenige ohne Verletzung (gewöhnlich zersprang die dünne Furchungshöhlendecke) auspellen. 5,00 nachmittags wurde genau derselbe Befund noch einmal an wieder aus dem Aquarium entnommenen Eiern erhoben, welche zum Zwecke der Konservierung in Chromessigsäure heraufgeholt waren.

Hinzugefügt sei noch, dass an allen diesen Eiern die Stelle der ersten Anlage des Rusconischen Afters etwas ausgebogen erschien und als kleiner Schlitz imponierte. Um diese Zeit hatten die normalen Eier, wie gesagt, den Rusconischen After bereits punktförmig geschlossen.

Den 5. April 1893.

Die auf dem Ofen gestandenen Bastardeier haben teilweise bei noch offenem Urmund eine deutliche Rückenrinne entwickelt.

»Es scheint äusserst selten zu sein, wenn es überhaupt vorkommt« lautet die Notiz im Protokoll, »dass ein Ei unter diesen Verhältnissen den Rusconischen After zum Schluss bringt.« Dabei findet sich die Notiz, dass im Wasser und auf den Gallerthüllen sich ganz colossale Bakterienmassen entwickelt hatten.

Die Eier wurden in eine andere Schale mit reinem
Wasser übertragen und kamen zurück auf den Brütofen.
Bei manchen Eiern fand sich namentlich in der Gegend
des Urmunds, in der Nähe des Perivitellins eine krümliche
weisse Masse.

Den 6. April 1893

wird eine zweite Schale mit Eiern untersucht, die, vor drei
Tagen aus dem Aquarium geholt, seitdem gleichfalls auf
dem Brütofen stehen.

Dieselben hatten schon am 5. April gleichfalls bei
offenem Urmunde die Rückenrinnen entwickelt. Auf diesem
Stadium sind sie unverrückt stehen geblieben.

Übrigens ist es nur eine Minderheit, die es soweit gebracht hat. Die besterhaltenen werden in Chromessigsäure
(unter möglichster Beseitigung der Gallerthüllen) eingelegt.
Auch jetzt wurden wieder Eier aus dem Aquarium entnommen.

Sie haben noch teilweise weiten Urmund, teilweise ist
derselbe aber auch sehr viel kleiner geworden, doch immer
so, dass die Stelle der ersten Anlage nach aussen schneppen-
förmig ausgebogen ist und spaltförmig erscheint, während
der ganze übrige Teil des Umfanges flach und kaum
merklich vertieft ist.

Diese Eier wurden teils in wässrige, teils in alkoholische
Chromessigsäure eingelegt; letztere erwies sich, wie auch
die alkoholische Pikrinschwefelsäure nach Morgan, die
mehrfach beim ersten Versuch verwandt wurde, als gänzlich ungeeignet und kostete uns viel wertvolles Material.
Darauf wurden abermals Eier aus dem Aquarium geholt,
die sich sehr verschieden weit entwickelt zeigten. Bei den
am weitesten entwickelten war das weisse Feld klein und
der Rusconische After, wie es schien, geschlossen. Doch
war auch hier der ganze Teil seines Umfanges, der ausserhalb der ersten Anlage lag, nur sehr schwach angedeutet.
Diese Eier werden zum Treiben auf entsprechend hohem
Untersatze auf dem Paraffinofen untergebracht, wo ihre

Temperatur als Maximum $+ 20\,^{0}$ C erreicht, -- durch zwischen die Eier eingesenktes Thermometer gemessen. Die am

6. April 1893

gleichfalls untersuchten normalen Eier haben sämmtlich die Rückenrinne gebildet. Viele von ihnen sind schon länglich geworden, und diese haben deutliche Rückenwülste. Auch von ihnen wurden Eier eingelegt, teils in wässrige, teils in alkoholische Chromessigsäure.

Den 7. April 1893.

Die seit dem 6. April auf dem Paraffinofen stehenden Eier haben sich zum kleinen Teil weiter entwickelt. Bei weitem die meisten erscheinen abgestorben. Der Urmund ist bei keinem punktförmig geworden, wohl aber scheinen einige in etwas verkrüppelter Form länglich geworden zu sein. Sie wurden alle in wässrige Chromessigsäure eingelegt. Gleichzeitig wurden abermals Eier aus dem Aquarium geholt. Sie sind noch immer in derselben Verfassung, d. h. mit klaffendem Urmundanfang versehen, während der ganze übrige Umfang fehlt.

Einige wenige haben jedoch auch hier wieder den Urmund geschlossen und verengt. Es sind dies namentlich die kleinsten Eier, doch haben auch von diesen einige schon graue Krümel im Perivitellinraum. Keines hat die Rückenrinne entwickelt. Während ein Teil dieser Eier in Chromessigsäure eingelegt wird, kommt der andere zum Treiben bis nachmittag auf den Paraffinofen. Diese letzteren Eier haben um 4,45 h nachmittag zwar den Urmund anscheinend nicht geschlossen, wohl aber zum grössten Teil die Rückenrinne gebildet und werden jetzt gleichfalls in Chromessigsäure eingelegt.

Da aus der bisherigen Weiterentwickelung jedenfalls mit Sicherheit folgt, dass die Eier im Aquarium noch leben, so werden wieder aus demselben einige Eier geholt. Diese haben bei den am weitesten Fortgeschrittenen die Rückenrinne schon gebildet, der Urmund ist aber überall noch nicht geschlossen. Diese Eier werden gleich eingelegt.

Den 8. und 9. April 1893
wurden diese Treibversuche wiederholt, immer mit dem
Erfolge, dass sich die Rückenrinne anlegte, auch wenn anscheinend der Urmund nicht zum Schluss gekommen war.
Damit wurde auch dieser Versuch als beendet an-
gesehen.

Seine Ergebnisse sind kurz folgende:

1) Bis zur Anlage des Rusconischen Afters hielten
Bastarde und Normale vollkommen gleichen Schritt.

2) Der Rusconische After selbst zeigte mehrfache Abweichungen von der normalen Anlage bei den Bastarden;
seine Anlagestelle klaffte etwas, sein übriger Umfang war
dagegen, ob geschlossen oder nicht, auffallend schwach angedeutet.

3) Die Weiterentwickelung der Bastarde liess sich zunächst einen Teil derselben abspalten, der es nicht weiter
brachte, als die Eier des Versuchs vom 30. März 1893.

4) Bei den übrigen fand eine Entwickelung statt, die
es weiter brachte, als bisher in allen Versuchen mit dieser
Bastardierung der Fall gewesen war. Einzelne brachten
es bis zum Länglichwerden.

5) Bei dieser Weiterentwickelung brachten es die kleinsten Eier am weitesten. (Vgl. mikroskopischen Teil. Zu
5 und 6 ist Hydrops der Furchungshöhle der Grund.)

6) Den Bastarden fiel der Schluss und besonders die
Verengerung des Rusconischen Afters viel schwerer als den
normalen. (Vgl. mikroskop. Teil.)

7) Die Anlage der Rückenrinne erfolgte auch dann,
wenn der Rusconische After nicht verengert, ja anscheinend
nicht einmal geschlossen war.

Am 1. April 1893 wurden noch andere Versuche angestellt und zwar in Bezug auf die Bastardierung von
Eiern der Rana arvalis mit dem Samen hiesiger, also noch
lange nicht brünstiger Männchen von Rana esculenta.

Diese Versuche hatten eigentlich den Zweck, die analogen Versuche Borns und Pflügers zu wiederholen, um
event. zu zeigen, dass die im vorigen Versuch erfolgte

Weiterentwickelung der Eier hauptsächlich der gleichzeitigen
Reife von Ei und Sperma zu danken gewesen sei.

Zur Bereitung der Samenflüssigkeit wurden drei aus
dem pathologischen Institut gebrachte Männchen von Rana
esculenta benutzt. Dieselben haben ganz abgestossene
Zehen, sind also höchst wahrscheinlich nicht in diesem
Jahre gefangen, sondern vermuthlich in Gefangenschaft
überwintert. Ihre Hoden sahen ziemlich gross, weissgelb
aus und waren mit deutlichen Kreisflecken versehen. Die
Tiere waren in einem Bassin mit zahlreichen Ranae esculentae, Ranae arvales, Ranae fuscae zusammen und mit
diesen bezw. von diesen umarmt. In demselben Becken war
bereits eine grosse Menge Laich vorhanden. Die übliche
Desinfektion geschah deshalb diesmal besonders sorgfältig.
Die erhaltene Samenflüssigkeit war mit ca. 33 ccm Wasser
bereitet worden. Das zur Bastardierung verwandte Weibchen von Ranae arvales hatte sämtliche Eier im Uterus.

Zur kontrollierenden, normalen Befruchtung wurden zwei
hiesige Männchen von Rana arvalis verwandt. Die Samenflüssigkeit wurde mit ca. 15 ccm Wasser bereitet. Die
Bastardbefruchtung fand um 1,9 h, die normale um 1,20 h
statt. 2,40 h nachmittags sind bei den Normalen fast alle
Eier gedreht. Bei den Bastarden sind noch viele ungedreht.

5,5 h zeigen bei den Bastarden einzelne Eier eine einfache und regelmässige erste Furche. Bei den normalen
tritt dieselbe allgemein auf. Da

5,35 h bei den Bastarden keine weiteren Anstalten sichtbar sind, um die erste Furche zu bilden, werden die ge-
gefurchten Eier isoliert.

7,30 h abends zeigen sich diese Isolierten denn auch
ganz grob gefurcht und kommen unter die Leitung, wohin
ihnen die etwa gleich entwickelten normalen um

10,50 h nachfolgen. Dort verbleiben sie beide die
Nacht über.

Den 2. April 1893.

8,20 bis 8,30 h vormittags zeigen sich weder Normale

noch Bastarde weiter entwickelt und kommen beide auf den Brütofen (20 ° C).

10,00 h vormittags wurden noch einige Eier isoliert und mit den früher isolierten zusammen auf das Fensterbrett in die Sonne gestellt. Die anderen »Bastarde« wurden weggethan, da sie keine Aussichten der Entwickelung mehr boten.

6,00 h nachmittags wurden einige Eier eingelegt, sowohl von den Bastarden, als von den Normalen.

Den 3. April 1893.

Ein Teil der Eier war unbefruchtet in Wasser gekommen; diese sind noch ungedreht und auch fast unverändert. — Die Bastarde sowohl wie die Normalen zeigen sich bei der 12,00 h vormittags vorgenommenen Besichtigung fein durchgefurcht. Die Normalen, die etwas dicht liegen, werden in eine grössere Schale verteilt. Die Bastarde kommen auf den Brütofen. Bei einzelnen schien sich am nächsten Tage bereits die Bildung des Rusconischen Afters einzuleiten. Die Eier kommen nicht unter die Leitung, sondern bleiben auf dem Tisch bei Zimmertemperatur stehen.

Den 5. April 1893

stehen die Eier immer noch in der ersten Bildung des Rusconischen Afters. Sie scheinen auf dieser Entwickelungsstufe stehen bleiben zu wollen. Deshalb wird die eine Hälfte von ihnen eingelegt, die andere bleibt stehen. Bis zum 6. April 1893 haben sich diese Eier absolut nicht weiter entwickelt und werden daher in alkoholische Chromessigsäure eingelegt.

Über die Weiterentwickelung der Normalen bei diesem Versuch ist die bezügliche Notiz verloren gegangen; ohne Zweifel fand dieselbe vollkommen normal statt.

Aus diesem Versuch ergab sich also:

1) Dass bei der Befruchtung vollkommen entwickelungsfähiger Eier der Ranae arvales mit dem Samen von nicht brünstigen Ranae esculentae einmal viel weniger Eier, ja eigentlich nur Ausnahmen, sich furchten, und

2) dass die Entwickelung dieser wenigen Eier auch
viel früher sistierte, als bei Verwendung brünstiger Ranae
esculentae der Fall war. —

Ferner wurde, ebenfalls am 1. April 1893, der erste reziproke Bastardierungsversuch also R. e. ♀ R. a. ♂ vorgenommen.

Bisher waren alle aus Italien angekommenen Weibchen
entweder tot gewesen, oder sie hatten nach der Tötung und
Öffnung die Eier noch im Ovarium gehabt. Auch heute
wurde ein sehr mattes, eben angekommenes Weibchen nach
der üblichen Desinfektion getötet und eröffnet und es zeigte
sich, dass der rechte Uterus geplatzt, seine Eier aber in
die Bauchhöhle ausgetreten und stark gequollen waren.
Der linke wohlgefüllte und anscheinend unverletzte Uterus
wurde allein zu den Versuchen benutzt. Sämtliche Eier
desselben haben am schwarzen Pole einen grossen hellen
Fleck, oft noch mit einem dunklen Punkt in der Mitte.

Ferner wurde aus den zerschnittenen Urogenitalsystemen
zweier, augenscheinlich hochbrünstiger Männchen von Rana
arvalis mit ca. 20 ccm Wasser eine Samenflüssigkeit bereitet, mit der ein Teil der Eier 6,27 h nachmittags befruchtet wurde.

Ein anderer Teil derselben kommt in eine in ganz
gleicher Weise bereitete Samenflüssigkeit der italienischen
Männchen; Wassereier in üblicher Weise.

Um 7,25 h nachmittags haben sich sowohl die Normalen
wie die Bastardierten zum grössten Teil gedreht und kommt
die sie beherbergende Uhrschale, in der sie befruchtet
wurden, je in einem grösseren Gefäss unter die Wasserleitung.

Den 2. April 1893
8,30 h vormittags war in beiden Schalen noch nichts von
Furchung zu sehen. Eine Anzahl Eier war in beiden noch
nicht gedreht, bei den Normalen eher mehr, als bei den
Bastarden. Beide Schalen kamen von der Leitung auf den
Brütofen. 10,20 bis 10,35 h. tritt bei den Bastarden und
Normalen die erste Furche auf. Bei einer grossen Anzahl

der Bastarde einfach und regelmässig; bei einer immerhin
erheblichen Minorität mit kleinen Unregelmässigkeiten z. B.
Gabelfurchen etc.

Eine recht beträchtliche Zahl zeigt aber auch starke
Unregelmässigkeiten; multiple, polymorphe, mit einem Wort,
Barockfurchung.

Eine ganze Anzahl Eier, regelmässige und unregelmässige, wird durch heisses Wasser fixiert. Übrigens
zeigt sich dabei, dass die esculenta-Eier weniger hohe
Hitzegrade vertragen, als die arvalis-Eier; in fast kochen-
dem Wasser schrumpfen sie. Dann kommt die Schale, um
dieses Stadium etwas zu fixieren, unter die Leitung, wo
sie bis zum nächsten Tage verbleibt.

Die normalen sahen um kein Haar besser aus, als die
Bastarde, so dass damit der Beweis einer nicht normalen
Beschaffenheit der Eier erbracht sein dürfte. Auch von
diesen Eiern wurden einige eingelegt.

Den 3. April 1893

zeigten die Bastarde und Normalen, die beide sehr fleckig
aussahen, immer noch die erste Furche.

Um 12,00 h kommen beide in grösseren Schalen verteilt
auf den Brütofen.

Bis zum 4. April 1893

verbleiben sie daselbst. Die Bastarde sehen hochgradig
fleckig aus. Von deutlichen Furchen, namentlich an der
Unterseite, ist nichts zu sehen. Doch war vorauszusehen,
dass dieses Verschwinden der Furchen nicht etwa auf feiner
Durchführung beruhe. Keines der Eier würde somit voraus-
sichtlich den Rusconischen After bilden. Immerhin ist es
zweifelhaft, ob die nicht normale Beschaffenheit der Eier
allein in dem Transport und der Uterusruptur des verwendeten Weibchens ihren Grund hat, oder ob nicht die
lange Behandlung der Eier mit kaltem Wasser ihren Anteil
an dem schlechten Erfolg hat.

Jedenfalls hatte die Bastardierung damit nichts zu thun,
denn die normalen Eier haben sich in keiner Beziehung
hoffnungsvoller verhalten.

Eine Anzahl der Eier wurde eingelegt, ebenso, wie von
den normal befruchteten.

Den 5. April 1893.

Bastarde und Normale zeigen gleiches Aussehen. Die
Eier sehen hoffnungslos fleckig aus. Auf hellschwefelgelbem
Untergrunde stehen dichtgedrängt hellbraune, durchsichtige
Flecken von runder Form und verschiedener Grösse. Bei
manchen Eiern sieht man noch eine einzelne Furche, als
wenn sie auf dem Stadium der ersten Furche stehen geblieben wären. Da sie die untere Hälfte noch in gelber
Farbe zeigen und dies wirklich bei abgestorbenen Eiern
von Rana esculenta dem Weiss weicht, so ist es wahrscheinlich, dass sie noch leben. — Ein Teil der Eier wird
eingelegt, die übrigen bleiben bei Zimmertemperatur stehen
und werden

den 6. April 1893,

da sie sich nicht im geringsten weiter verändert haben,
weggethan, womit auch dieser Versuch beendet ist. —

Mag nun die Befähigung der Eier zur Befruchtung und
Entwickelung durch Transport und Uterusruptur des sie
beherbergenden Weibchens gelitten oder mag ihre Entwickelungsfähigkeit nachträglich durch das Verweilen unter
dem kalten Leitungswasser geschädigt worden sein, so viel
geht, da Normale und Bastarde sich gleich verhielten, auch
aus diesem Versuche hervor,

dass die Bastardierung von R. e. ♀ R. a. ♂ möglich
ist, d. h. dass reziproke Befruchtung eintritt, wie
dies bei der äusserst ähnlichen Beschaffenheit der
Spermatozoën nach dem Pflügerschen Raisonnement
ja auch der Fall sein muss.

Offenbar war übrigens die Schädigung der Eier schon
vor der Befruchtung vorhanden, ist also höchstens zum
Teil auf die applizierte Kälte zu schieben, denn eine ganze
Anzahl der Eier war offenbar polysperm, was sie durch
die eintretende Barockfurchung (vergl. Born) zu erkennen
gaben.

Der Versuch, Eier von Rana arvalis mit dem Samen
hiesiger Männchen von Rana esculenta zu bastardieren,
wurde noch einmal, am

4. April 1893

wiederholt. Diesmal war es jedoch ein diesjähriges, das
erste, welches unser Froschfänger vor 2 Tagen gefangen
hatte. Dasselbe besass sehr grosse Fettkörper über den
Hoden, von denen sich nur der eine gut entwickelt zeigte.
Dieser Hoden sieht citronengelb aus, während die der
Neapolitaner sich von weisser Farbe zeigten. Zur Bereitung der Samenflüssigkeit wurde nur sehr wenig, 5 bis
6 ccm, Wasser benutzt.

Das benutzte ♀ von Rana arvalis befand sich schon
5 bis 6 Tage in Gefangenschaft. Es hatte sämtliche Eier
im Uterus.

Zur Kontrollbefruchtung dient ein mit gut gefüllten
Samenblasen versehenes ♂ von Rana arvalis.

Die Bastardbefruchtung erfolgt um 10,14 h. vormittags
die der normalen um 10,23 h. Wie gewöhnlich wurde
ein Teil der Eier in Wasser gelegt. 11,30 h. kommen
Bastarde und Probeeier auf den Paraffinofen, auf einen
Untersatz, der ihnen eine Temperatur von $22\frac{1}{2}$ ⁰ C zukommen lässt.

1,25 bis 1,30 h. bildet etwa die Hälfte der Normalen
die einfache und regelmässige erste Furche; von den
Bastarden furcht sich nur eine kleine Minorität, diese aber
einfach und regelmässig. Nur sehr wenige zeigen geringe
Unregelmässigkeiten. An den Wassereiern ist keine Veränderung bemerkbar.

5,00 h. nachmittags ist dies ebensowenig der Fall.
Nur ein einziges Wasserei zeigt ein Paar ganz unregelmässige Furchen. Dasselbe wird isoliert und mit Untersatz auf den Paraffinofen gestellt. — Sollte dies doch ein
Fall von parthenogemetischer Furchung, von Paradox-
furchung sein?

Von den Bastarden werden die jetzt grob gefurchten
mittelst Herausschneidens isoliert. Dann werden gefurchte

und ungefurchte gezählt. Es ergiebt sich, dass 54 gefurchte auf 435 ungefurchte kommen. Mithin haben sich 10,2 % gefurcht.

Die herausgeschnittenen Eier kommen in reines Wasser und dann wieder auf den Paraffinofen.

Den 5. April 1893

9,40 h. vormittags zeigen die Bastarde den Rusconischen After gross bis klein halbmondförmig und sehen recht gut aus.

Bei den normalen, von denen etwa die Hälfte entwickelt ist, ist der Rusconische After bereits durchweg klein halbmondförmig. Bei ihnen wird jetzt der Eiballen zerschnitten, dann werden die Eier von den anhängenden Gewebsteilen und Fetzen gereinigt und kommen in einer reinen Schale wieder auf den Paraffinofen. Alle Eier haben bei 23° C die Nacht über auf dem Paraffinofen gestanden. Dabei ist leider das isolierte Wasserei vertrocknet. 11,25 h. vormittags wurden von beiden Schalen Eier eingelegt.

Die Auszählung der normalen ergab 68 entwickelte auf 97 unentwickelte = 41,2 %.

5,30 h. nachmittags. Während die normal befruchteten Eier desselben Tages, welche mit den bastardierten genau dieselbe Behandlung und auch dieselbe Wärme teilten, (beide Abteilungen standen heute ebenfalls den ganzen Tag auf gleich hohen Untersätzen auf demselben Paraffinofen) den Urmund nicht nur geschlossen, sondern ihn auch sehr verengt und ganz klein haben, ist bei den bastardierten noch genau dieselbe Entwickelungshöhe wie am Morgen zu verzeichnen. Nur wenige haben den Urmund halbmondförmig und scharf begrenzt. Bei den meisten ist er ganz klein geblieben und nur angedeutet. Die Eier sind also bis jetzt nicht nur nicht im Stande gewesen, den Urmund zu schliessen, sondern manche haben es überhaupt nur zu einer sehr mangelhaften Anlage gebracht. Nachdem noch

einige von diesen Eiern eingelegt wurden, kommt der Rest
auf den Paraffinofen zurück.

Auch von den normalen wird eingelegt. Einige wenige
nur von diesen sind hinter ihren Kameraden etwas zurückgeblieben.

Den 6. April 1893.

Die bastardierten Eier haben sich nicht mehr weiter
entwickelt. Während die normal befruchteten schon zu
länglichen Larven mit meist schon geschlossenen Rückenwülsten geworden sind, sind sie im Anfang des Rusconischen Afters stehen geblieben. Von beiden wird der Rest
teils in Chromessigsäure, teils in alkoholische unverdünnte
Pikrinsäure eingelegt.

Zu diesem Versuch, der somit im wesentlichen zu demselben Resultat wie derjenige vom 30. März geführt hat,
ist noch hinzuzufügen, dass das eine gefurchte, noch dazu
unregelmässig gefurchte Wasserei dieses Resultat wohl
wenig beeinträchtigen kann. Denn abgesehen davon, dass
gerade diese unregelmässige Furchung durch ein Spermatozoon der fremden Art verursacht sein könnte — (Pflüger
hebt mit Recht hervor, dass auch trotz aller Vorsichtsmassregeln — die übrigens wie immer, auch hier von uns
beobachtet wurden — immerhin etwas Spielraum für un-
glückliche Zufälle bleibt) — abgesehen also von der Un-
wesentlichkeit eines solchen Zufalls, war doch das von
andern Versuchen her bekannte Verhalten der Bastarde
hier zu charakteristisch, als dass für einen gröberen
Versuchsfehler hier noch Raum bliebe.

Wir stehen somit nicht an, auch diesen Versuch mit
den anderen als gleichberechtigt hier anzuführen.

Es zeigte sich in demselben, dass die Befruchtung der
Rana arvalis-Eier mit Samen von im Freien überwinterten
nicht brünstigen Rana esculenta einen viel besseren Erfolg
gab, als die mit Samen von den Winter über in Gefangenschaft gehaltenen Männchen derselben Art. Auch der
Procentsatz der sich überhaupt entwickelnden Eier war
ein wesentlich besserer. Im übrigen stimmt dieses Versuchs-

resultat vollkommen mit den in analoger Weise erhaltenen Pflügers und Borns überein.

Am 17. April 1893 trafen aus Neapel 4 Weibchen und 1 Männchen von Rana esculenta ein. Von diesen hatte ein Weibchen die Eier verloren und war abgestorben. Die anderen 3 Weibchen sahen gut aus. Gleich das erste getötete hatte die Eier im Uterus. Diese Eier waren durch den gegenseitigen Druck polygonal zusammengepresst. Jedes Ei zeigte am oberen Pole einen grossen hellgelben Kreis und in diesem einen kleineren, noch helleren, gleichfalls kreisrunden Fleck.

Drei Männchen von Rana arvalis, die schon über acht Tage in der Gefangenschaft sind, wurden zunächst für die Bastardierung bestimmt. Sie wurden ganz blau, d. i. in vollen Hochzeitsfarben gebracht, hatten dieselben aber inzwischen verloren. Die Daumenschwielen sind noch deutlich, vielleicht hier und da etwas abgerieben. Dabei sind die Tiere noch merkbar hydropisch. Zur Bereitung der Samenflüssigkeit wird nur ganz wenig, übrigens etwas angewärmtes Wasser (ca. 18^0 C) benützt.

Mit dieser Samenflüssigkeit und einem Teile der Eier besagter R. e. ♀ wird ein Versuch um 10,1 h. vormittags angesetzt, den wir mit 1. bezeichnen wollen.

Darauf wurden abermals 2 ♂ von Rana arvalis getötet. Diese waren erst vor drei Tagen als brünstig gebracht worden. Die Hochzeitsfarben waren zwar auch bei ihnen nicht mehr sichtbar und die Daumenschwielen etwas abgerieben, doch zeigten sie beide noch recht ansehnlichen Hydrops.

Das eine der beiden Tiere zeigte denn auch nach der Oeffnung ungewöhnlich grosse Hoden; die des anderen waren etwas kleiner. Die Bereitung der Samenflüssigkeit erfolgte unter Zusatz von 10 ccm Wasser und ergab ein noch recht trübes Fluidum.

Mit diesem und einem zweiten Teil der Eier wurde um 10,13 h. ein zweiter Versuch angesetzt, der die Bezeichnung 2. tragen soll.

3*

Daranf wurden 2 Männchen von Rana fusca, die vor
etwa 5 bis 6 Tagen mit den Weibchen in der Begattung
gebracht wurden, zur Bereitung einer dritten Samenflüssigkeit benützt. Sie haben beide etwas abgestossene, aber
noch vollkommen deutliche Daumenschwielen. Das eine
Männchen hat eine noch deutlich blaue Kehle. Die Samenblasen sind noch deutlich bei beiden etwas gefüllt. Die
Hoden sind zwar gross, ergeben aber nicht viel »Milch«.
Es resultiert eine sehr trübe Samenflüssigkeit. Mit dieser
und einem dritten Teil der Eier immer noch desselben
Weibchens wird ein Versuch 3. angesetzt, 10,31 h. vormittags.

Als Versuch 4. wird die Kontrollbefruchtung des Restes
der Eier mit der von dem heute aus Neapel mitgekommenen
Männchen gewonnenen Samenflüssigkeit ausgeführt: 10,15 h.
vormittags. Dieses Männchen war stark und zeigte gute
Daumenschwielen. Die Samenflüssigkeit war ziemlich trübe.

Unter 1. sahen nach der Befruchtung gleich manche
Eier sehr hässlich fleckig aus. Nach einigen Minuten wurde
zu allen Schalen Wasser zugesetzt.

Nachdem die Eier 1. 11,20 h. vormittags mit hohem
Untersatz auf den Paraffinofen gekommen waren und nochmals Wasserzusatz erhalten hatten, zeigte sich 11,40 h.
der grösste Teil derselben gedreht.

Von 2. und 4. gilt genau dasselbe.

Bei 3. sind noch nicht viele Eier gedreht.

1,13 h. nachmittags wurden die Eier von 1., 2. und 4.
verglichen. Dabei sieht man, dass in allen drei Schalen
die bei weiten grösste Majorität der Eier sich gedreht hat.

Aber nur die normalen, also die Eier 4. sahen auch
einigermassen normal aus. Sie zeigen am oberen Pol ein
helles, rundes Feld mit schwarzem Binnenpunkt und daneben
einen dunklen Sonnenfleck. Die Bastarde 2. sind schon
viel fleckiger, manche von ihnen ganz hochgradig fleckig.
Doch bleibt immer noch eine ziemlich grosse Anzahl übrig,
welche normal erscheint. Bei einem Teil dieser Eier
scheint jetzt die erste Furche aufzutreten und zwar
polymorphe Zerteilung mit wenig tiefen Furchen. Ganz

unvergleichlich viel buntscheckiger sahen die Eier 1. aus,
von denen auch ein Teil noch vor Eintritt der ersten Furche
abgekocht und eingelegt wird. Offenbar ist übrigens jetzt
die Zeit der Furchung auch bei ihnen eingetreten, ohne
dass man aber deutliche Furchenabschnitte wahrzunehmen
vermöchte; die Eier sehen einfach äusserst buntscheckig
aus. Kurze Zeit später, 1,26 h., tritt auf einmal die wirk-
liche erste Furche bei diesen Eiern auf und zwar selbst
bei recht bunt aussehenden einfach und regelmässig.
Von diesen Eiern wird eingelegt. Diese Eier 2. zeigten
die erste Furche 1,45 h. — Die Eier 3. um 2,9 h. Die
Eier 4. um 2,25 h.

Die Eier 3. sahen bedeutend besser aus als die anderen,
soweit sie sich überhaupt gedreht hatten, was bei einem
grossen Teil nicht der Fall war; sie waren viel weniger
fleckig. Bei den Eiern 1. machte die erste Furche inzwischen weitere Fortschritte und zeigte sich in der That,
trotz der starken Fleckung meistens regelmässig und einfach. Nur bei relativ wenigen Eiern erscheint dieselbe
mehrfach. Es sind dies freilich auch so zu sagen die
buntesten von den Eiern. — Es wurden mit Scheere und
Pincette eine Anzahl solcher multipel gefurchter Eier isoliert
und eingelegt. Es kostete aber trotz der Buntscheckigkeit
der Eier geradezu Mühe, eine Anzahl mehrfach gefurchter
herauszufinden.

Bei den Bastarden 2. zeigt sich im wesentlichen dieselbe Erscheinung; auch hier ist die eigentliche erste
Furche einfach und regelmässig. Nur tritt sie bei einem
noch grösseren Prozentsatz der Eier auf. Bei 3. zeigen
gleichfalls nur wenige Eier gröbere Unregelmässigkeiten:
Abschnürung mehrerer kleinerer Segmente, Gabelung der
Furche, mehrere polyedrische Segmente.

Von den normalen 4. sind nur äusserst wenige Eier
an der Bildung der durchaus einfachen und regelmässigen
ersten Furche unbeteiligt geblieben.

Die zweite Furche erscheint zuerst 2,45 h. bei den
Bastarden 1. und zwar bei einer ganzen Anzahl Eier ein-

fach und regelmässig. 4,40 bis 4,50 h. sind eine grosse
Anzahl Eier in 1. und 2. schön 16teilig (vierte Furche).
In 1. sind weniger solche, als in 2. vorhanden. Die unregelmässigen geteilt, häufig fleckig. Auch zeigen sich bei
ihnen Spuren von Zwangslage.
Im Laufe des Nachmittags wurden die Eier von 1. und
2. in je 2 grössere Schalen verteilt und eine davon auf
den Paraffinofen gestellt; die andere kommt unter die
Leitung. Von beiden wurde jetzt und um 10,30 h. abends
getrennt eingelegt.
Von der Bastardierung mit Rana fusca (3.) zeigte sich
nachmittags 5 h. nur die entschiedene Minorität regelmässig
gefurcht. Eine grosse Zahl Eier namentlich in der Tiefe
des Ballens sind vielfach fleckig und unregelmässig gefurcht.
Eine immerhin erhebliche Zahl ist gar nicht gefurcht. Ein
Ballen Eier wurde ohne besondere Auswahl eingelegt.
Auch diese Eier werden in zwei Schalen verteilt, von denen
die eine auf den Ofen, die andere unter die Leitung kommt.
Die Kontrolleier 4. stehen 4,30 h. nachmittags am Ende
der regelmässigen dritten Furche und zwar der grösste
Teil der Eier; sie zeigen regelrecht oben vier kleine, unten
vier grosse im Kranz gestellte Segmente. Eine nicht
geringe Zahl von Eiern ist aber unregelmässig vielfach
gefurcht. Dieselben fallen schon bei oberflächlicher Be-
trachtung leicht durch ihr fleckiges Aussehen auf. Eine
ganze Anzahl dieser Eier, regelmässige und unregelmässige,
wurden eingelegt. Auch hier kommt von den übrigen die
Hälfte auf den Brütofen, die andere unter die Leitung.
Die Wassereier sind noch nachmittags 6,00 h. gänzlich
unverändert und ungedreht; ihr heller Pol ist weiss verfärbt, ein Zeichen des Todes; sie werden demnach weggethan. —

Den 18. April 1893

11,10 bis 11,20 h. Bastarde 1. Die Eier vom Brütofen
(etwas niedrige Temperatur) sind fein durchgefurcht, der
Rusconische After aber noch nirgends aufgetreten, obgleich
die allerersten Anfänge desselben bei den mit auf dem

Brütofen stehenden, normalen Eiern schon bei einzelnen
Individuen sichtbar werden. Es wurden einige Eier eingelegt.
Die Eier von der Wasserleitung sind äusserst buntscheckig; die Temperatur des Leitungswassers betrug 6 bis
7° C. Sie sind erst grob durchgefurcht. Auch von ihnen
wurde eingelegt. Bastarde 2. Früh 10,35 h. ist mindestens die Hälfte der
auf dem Ofen gestandenen Eier schon in der Bildung des
Rusconischen Afters begriffen.
Bei manchen ist derselbe sogar schon halbmondförmig.
Es betrifft dies keineswegs bloss Eier, die an der oberen
Seite ganz normal aussehen, sondern auch solche, die noch
durch dunklere Flecken und dergleichen, Spuren der unregelmässigen Entwickelung aufweisen. Ja sogar eine Art
Körnelung kann oben und dennoch der Rusconische After
vorhanden sein. Eine ganze Anzahl von Eiern freilich ist
weiss, fleckig, abgestorben. Andere sind zwar nicht abgestorben, doch unterblieb bei ihnen die Bildung des
Rusconischen Afters. — Eier eingelegt.
Die Eier, die seit gestern unter der Leitung standen,
sind zwar auch grob durchgefurcht, doch sehen sie äusserst
buntscheckig aus, sodass der Verdacht entsteht, dass diesen
Eiern des (Neapolitaner!) Esculentaweibchens die Kälte wenig
zuträglich ist. Auch hier wurden Eier eingelegt, die übrigen
bleiben in der Kälte stehen.
Bastarde mit Rana fusca 3. 11,30 h. Hier sind bei
den auf dem Ofen stehenden sehr viele Eier abgestorben
und in Zerfall begriffen. Eine immerhin ansehnliche
Minorität ist aber noch lebendig. Bemerkenswerth ist, dass
trotzdem diese Eier bei etwas höherer Temperatur auf dem
Paraffinofen standen und trotz der vorgeschrittenen Zeit
doch nur ganz wenige einen Anfang des Rusconischen
Afters zeigen.
Die Leitungseier sind grob durchgefurcht, viele ver-
dorben, viele ungefurcht.
Die Kontrolleier 4. 10,15 h. haben bei etwas niederer
Temperatur als die Bastarde auf dem Brütofen gestanden

und sind daher etwas weiter zurück. Trotzdem sind einige
schon in der ersten Bildung des Rusconischen Afters begriffen, während andere noch weiter zurückgeblieben sind.
Eine Anzahl Eier wurde in heisses Wasser eingelegt.

Von den im Laufe des Tages eingetretenen Veränderungen ist noch folgendes zu berichten: Bastarde 1.
Während die Kälteeier unter der Kaltwasserleitung verblieben, kamen die anderen auf den Paraffinofen in etwas
höhere Temperatur. Dieselbe erreichte über Mittag 24° C
und wurden die Eier 3,15 h. nachmittags bei 23½° C auf
das Fenster in die Sonne gestellt, um gegen Abend wieder
auf den Paraffinofen zurückzukommen, wo sie die Nacht
über, auf zwei Untersätzen stehend, einer Temperatur von
19 bis 20° C. ausgesetzt blieben. Diese Behandlung hatte
den Erfolg, dass nur um ein geringes weniger Eier den
Rusconischen After bildeten, als bei den Bastarden 2.
Auch bei diesen verbleiben die Kälteeier unter der Leitung.
Die anderen wurden über Mittag gleichfalls in die Sonne
gestellt. Nachmittags 5,45 h. haben recht viele Eier den
Rusconischen After halbmond- bis hufeisenförmig, doch hat
ihn noch keines geschlossen, im Gegensatz zu den normalen
(s. u.) Offenbar erfolgt jetzt hier ein Stillstand. Auch
diese Eier bleiben unter denselben Bedingungen wie 1. die
Nacht über auf dem Paraffinofen. Von 1. und 2. wurden
wiederholt Eier eingelegt.

Von den Bastarden mit Ranae fuscae 3) werden 3,15 h
nachmittags die Wärme-Eier gleichfalls in die Sonne, abends
wieder zurück auf den Paraffinofen gestellt, unter gleichen
Bedingungen wie die anderen. Schon um 6,00 h. abends
sah der grösste Teil der Eier fleckig und abgestorben aus.
Keines hatte den Rusconischen After fertig gebildet.

Die Kälteeier bleiben auch hier unter der Leitung.

Die Kontrolleier 4) ganz ebenso behandelt, wie vorstehend beschrieben, hatten 5,45 h. nachmittags den Rusconischen After bereits vollkommen geschlossen.

Den 19. April 1893.

Soviel ersichtlich, haben sich bei den Bastarden 1) und 2)
die Eier absolut nicht weiter entwickelt, welche auf dem
Paraffinofen standen. Sie werden daher bis auf je einen
kleinen gänzlich verdorbenen Rest eingelegt, welcher letztere
weggethan wird. — Die Kälteeier haben sich nur äusserst langsam weiter
entwickelt, noch keines hat den Rusconischen After gebildet. Auch bei den Bastarden 3) hat, soweit ersichtlich, die
Weiterentwickelung bei den Wärmeeiern sistiert; einige
wenige nur zeigen, vielleicht, die Anfänge des Rusconischen
Afters. Sie kommen, mit Ausnahme eines gänzlich verdorbenen Restes, in Chromessigsäure. Die Kälteeier, von
denen noch keines den Rusconischen After gebildet hat und
die sich überhaupt äusserst langsam weiter entwickelt
haben, bleiben unter der Leitung. — Die Wärmeeier der Normalen 4) sind richtig ihren Ent-
wickelungsgang weiter gegangen. Ein Teil ist länglich
geworden und zeigt alle Stadien der Rückenwülste. Einzelne haben auch blos den Rusconischen After geschlossen
oder offen. Da hiermit die Entwickelungsfähigkeit der
Eier bewiesen ist, wird mit ihnen Schluss gemacht und
werden sie sämtlich eingelegt.

Über das Verhalten der zugehörigen Kälteeier fehlt
leider eine Notiz im Versuchsprotokoll. Ohne Zweifel sind
dieselben aber verdorben, da sonst von ihnen eingelegt
worden wäre.

Den 20. April 1893.

Die Kälteeier der Bastarde 1) und 2) sind jetzt fein
durchgefurcht, keines zeigt aber den Rusconischen After.
Sie kamen nachmittags 6 Uhr von der Leitung auf den
Brütofen. Ebenso die Bastarde 3), bei denen viele tot,
alle sehr bunt aussehen. Eier eingelegt.

Den 21. April 1893

Alle Bastarde scheinen stehen zu bleiben, ohne den

Rusconischen After gebildet zu haben. Auch heute wird von ihnen eingelegt, von 3) der ganze Rest. Es folgen ihm

Den 22. April 1893

die letzten der Bastarde 1) und 2) nach. Bei ihnen ist es doch wenigstens bis zu den allerersten Anfängen des Rusconischen Afters, allerdings nur beim kleinsten Teil der Eier gekommen.

Aus diesen Versuchen ergiebt sich der in hohem Masse schädliche Einfluss der Kälte auf die Eier der Ranae esculentae. Inwieweit dabei ihr Herstammen aus dem warmen Neapel mitspielt, lässt sich natürlich kaum bestimmen.

Zweitens zeigt sich, dass die von uns wohl zum ersten Male in geeigneter Weise ausgeführte Bastardierung R. e. ♀, R. a. ♂ etwa gleichen Erfolg hat, wie die reziproke. Die etwaigen Differenzen finden eine mehr als hinreichende Erklärung in der, aus dem Verhalten der normal befruchteten Eier mit Sicherheit als vorhanden bewiesenen, grösseren Schädigung der allein brauchbaren, die Eier schon im Uterus beherbergenden Weibchen.

Die Resultate der Bastardierung mit Ranae fuscae sollen hier, als ausserhalb des Rahmens vorliegender Arbeit stehend, nur insoweit verwertet werden, als sich aus ihnen die Empfänglichkeit der verwendeten Eier für Bastardbefruchtung überhaupt ergiebt.

Das zweite der drei am 17. April 1893 von Neapel angekommenen R. e. ♀, hatte die Eier noch im Ovarium und war daher unbrauchbar.

Das dritte hatte zwar nicht mehr alle, aber doch noch einen grossen Teil der Eier im Uterus. An dem dunkeln Pol tragen alle Eier einen hier sehr ausgeprägten, beinahe weissen, runden Fleck, in welchem der auch hier vorhandene helle Punkt fast verschwindet. Ein Teil der Eier war, wie gesagt, schon abgelegt, die anderen kleben sehr stark aneinander, wahrscheinlich wegen einer geringen Quellung ihrer Hüllen; vielleicht lässt sich die späterhin auffallende mangelhafte Drehung der Eier auf dieses Moment zurückführen.

Zur Bastardierung wurden zunächst drei ♂ von Rana arvalis bestimmt. Eines von diesen war erst vor wenigen Tagen gebracht, die anderen schon längere Zeit in Gefangenschaft gehalten worden. Die Daumenschwielen waren bei allen noch deutlich, die Hoden dagegen sehr klein. Zwei von den Hodenpaaren sahen mehr gelbweiss, das dritte mehr orangegelb aus. Die Befruchtung eines Teiles der stark klebenden Eier mit der aus diesen drei Hodenpaaren gewonnenen Samenflüssigkeit fand 11,13 h. vormittags statt. Dieser Versuch sei mit 1) bezeichnet. Zum Versuch 2) wurde ein Teil der Eier in eine von drei Männchen der Bufo cinerea gewonnene Samenflüssigkeit versenkt. Das eine dieser Männchen hatte ganz schwarze Daumenschwielen, war sehr gross und ohne Zweifel hochbrünstig. Die beiden anderen besassen alle diese Eigenschaften in geringerem Grade. Die Befruchtung fand um 11,30 h statt.

3) wurde als Kontrollversuch der Rest der Eier mit einer von einem älteren Neapeler Männchen von Rana esculenta gewonnenen Samenflüssigkeit um 11,36 h. befruchtet.

Die gleichfalls angesetzten Wassereier gingen, um dies gleich hier zu erwähnen, nicht an.

Gegen 11,40 h wurden alle drei Eigruppen warm gestellt.

5,10 h. nachmittags zeigt sich bei 1), 2) und 3), dass nur ganz wenige Eier überhaupt befruchtungsfähig gewesen sind und sich gedreht haben. Nur bei den Bastarden 1) befinden sich unter der Zahl dieser auch regelmässig gefurchte neben einigen unregelmässigen. Die beiden anderen Versuche ergeben durchweg unregelmässig gefurchte Eier, überdies in geringer Anzahl. Am nächsten Tage sahen alle drei Versuche gänzlich hoffnungslos aus. Sämtliche Eier mit verschwindenden Ausnahmen, erscheinen verdorben.

Offenbar lag, wie das Verhalten der normalen beweist, bei diesem Versuche eine so starke Schädigung der Eier vor, dass für Befruchtung und Entwickelung keinerlei

Aussichten mehr blieben. Vielleicht verhinderte die erwäbute Quellung der Eihüllen bei der überwiegenden Mehrzahl schon von vornherein die Befruchtung.

Ziehen wir kurz noch einmal das Gesamtresultat, welches sich makroskopisch aus den sämtlichen angestellten Versuchen ergiebt, so finden wir:

1) Die Befruchtung von Rana esculenta und Rana arvalis ist in denkbar vollkommenster Weise reziprok, wie sie es nach der Pflügerschen Theorie bei der grossen Ähnlichkeit der Spermatozoën der beiden Arten auch sein muss.

2) Die erlangte Entwickelungsstufe ist bei den beiden Modis der Befruchtung ganz gleich. Und zwar erreichen in Hochbrunst der Eltern erzeugte Bastarde eine Entwickelung bis zur Anlegung der Rückenrinne, einzelne eine solche bis zur Anlegung von Rückenwülsten und bis zum Länglichwerden.

3) Alle Bastardierungsversuche, bei denen der eine Teil der Eltern nicht brünstig war, lieferten nur Eier, welche es bis zu den ersten Anlagen des Rusconischen Afters brachten; genau ebenso aber verhielt sich noch ein Teil der während beiderseitiger Hochbrunst der Eltern erzeugten Bastarde.

4) Die Entwickelung bis zur Anlage des Rusconischen Afters verlief vollkommen normal, soweit wenigstens äusserlich sichtbar. Auch zeitlich waren die Bastarde bis zu diesem Stadium der Normalen gegenüber nicht im Rückstande.

5) Es ergab sich wiederum die Wichtigkeit günstiger äusserer Verhältnisse. Die Schädigungen durch Transport, Gefangenschaft, niedere Temperatur etc. erwiesen sich als sehr wohl imstande, teils indirekt, teils direkt die Entwickelung zu stören und selbst in Frage zu stellen. Und zwar zeigten sich die Weibchen empfindlicher als die Männchen, Rana esculenta weniger widerstandsfähig als Rana arvalis.

Bevor wir auf die Darstellung der Ergebnisse der mikroskopischen Untersuchung des von den einzelnen Versuchen konservierten Materials eingehen, sei es erlaubt,

noch einige Bemerkungen über die Orientierung der Objekte
vor dem Schneiden vorauszuschicken. Eine zweckmässige
Orientierung ist grade bei den hier in Frage kommenden
Objekten besonders wichtig, da man nur durch sie ein
Urteil über etwaige lokale Verschiebungen der einzelnen
Teile des Objekts gewinnen kann, wenn man nicht so viel
Zeit hat, um gleich immer zu den zeitraubenden exakten
Rekonstruktionsmethoden zu greifen. Um in dieser Be-
ziehung zweckmässig zu sein, ist es aber begreiflicherweise,
da sonst jeder Anhalt zu Vergleichen mangelt, unbedingt
und vor allem erforderlich, dass bestimmte Orientierungen
gleichmässig immer wieder angewandt werden.

Daher wurden alle untersuchten Eier so geschnitten,
dass der grösste Schnitt eine Meridianebene des Eies dar-
stellte, d. h. dass er einen grösseren Kreis auf der Eioberfläche beschrieb, der gleichzeitig den animalen und
den vegetativen Pol enthielt.

In den Stadien, in welchen das Ei einen bilateral
symmetrischen Körper darstellt, also in der ersten Furche
und in der Anlage des Rusconischen Afters, genügt diese
eine Angabe nicht. In der ersten Furche orientiert man
am besten so, dass die Schnitte senkrecht auf diese zu
stehen kommen; nach der Anlage des Rusconischen Afters
fällt am besten der grösste Schnitt in die einzige Symmetrieebene des Eis (d. h. er geht senkrecht durch die Mitte
des zirkulären bezw. durch den Brennpunkt der Begrenzungs-
kurve des noch nicht geschlossenen Rusconischen Afters).
Die oben postulierte Orientierung bei der ersten Furche
hat den Vorteil, dass man beide Kerne in dieselben Schnitte
bekommt; die beim Eintreten des Rusconischen Afters hat
ihre Vorteile grade in vorliegender Arbeit sehr schlagend
bewährt.

Nach Anlegung des Embryo empfehlen sich möglichst
genau orientierte Längs- und Querschnitte. Besonders die
letzteren zeigen am besten die feinere Struktur der sich
anlegenden dorsalen Differenzierungen.

Bei Beurteilung namentlich der gröber gefurchten Stadien muss man sich sehr hüten, durch einfache Verschiebungen der Segmente hervorgerufene, zunächst oft sehr paradox aussehende Bilder für wirklich unregelmässig zu halten. Diese Verschiebungen finden oft in sehr weiten Grenzen statt und es führt dann nur eine sorgfältige Überlegung, welche die hintereinander gesehenen Bilder einer Schnittserie im Geiste kombiniert, auf den richtigen Weg, wenn man nicht das verarbeitete Ei in seiner Aussenansicht vorher gezeichnet hat.

Auch hier sollen die Ergebnisse der einzelnen Versuche zunächst getrennt behandelt werden, indem wir uns an ihre zeitliche Reihenfolge halten.

Wir gehen also zunächst zur Schilderung des Versuchs vom 30. März 1893 über.

Die ersten der eingelegten Stadien bieten kaum Besonderheiten. Es verdient vielleicht hervorgehoben zu werden, dass sich bei keinem der untersuchten Eier, weder bei Bastarden, noch bei Normalen, auch nur ein einziges Merkmal von Unregelmässigkeiten in der Furchung, von Polyspermie befand. Auch kein unbefruchtetes wurde angetroffen. Dieser Befund steht in einem gewissen Gegensatz zu den Ergebnissen der späteren Versuche, in denen derartige Vorkommnisse sämtlich, trotz der teilweise zweifellos höhern Brunst, also trotz geeigneteren Zustandes der Eltern, keineswegs zu den Seltenheiten gehörten.

Auffällig ist schon im Stadium grober Durchfurchung, dass fast bei allen Bastarden der bei weitem grösste Teil der vegetativen Eihälfte einen gänzlich ungegliederten, gewöhnlich nach allen Seiten und also auch nach der Furchungshöhle zu konvexen Klumpen darstellt, an den sich dann mit fast winkliger Knickung die Schenkel des etwa einen Halbkreis darstellenden optischen Querschnittes der Furchungshöhlendecke ansetzen. Wie in der Richtung, so besteht auch in Bezug auf die relative Grösse der Segmente hier ein sehr plötzlicher Sprung. Der resultierende Querschnitt der Furchungshöhle ist halbmond-, ja bei con-

vexem Höhlenboden sogar mondsichelförmig. Bei denjenigen Normalen, die genau in gleichem Stadium stehen,
zeigt dagegen die vegetative Hälfte des Eis, wenn sie
auch keineswegs vollkommen segmentiert ist, in radiärer
Richtung von der Furchungshöhle aus in sie eindringende
Einkerbungen und man bekommt den Eindruck, dass sie
ein unverkennbares Bestreben hat, sich der Gesamtrundung
des ganzen Eigebildes möglichst konform zu gestalten.
Daher weist auch hier der Durchschnitt der Furchungshöhle
eine ovale bis kreisrunde Begrenzung auf, wenn man nur
von kleineren, ganz lokalen Contur-Ein- und -Ausbiegungen
absieht, wie sie durch Verschiebung der Segmente ent-
stehen. Gewöhnlich wird nun das Zustandekommen einer
rundlichen Furchungshöhle unterstützt durch seitliche Seg-
mentierung der unteren Eihälfte. An einen central liegen-
den grossen Klumpen schliesst sich seitlich und schon
etwas nach oben gerückt, zunächst vielleicht ein grosses
oder zwei kleinere Segmente, an diese, immer wieder nach
oben abweichend, kleinere, und so fort, so dass eine an
den ventralen Klumpen allseitig anstossende, sich ganz allmählich zum Deckenscheitel herumbiegende und bis zu
ihm kontinuierlich an Dicke abnehmende Zollwand resultiert.
Im feingefurchten Stadium wird der vorher bei manchen
Eiern nur angedeutete Unterschied zwischen Normalen und
Bastarden deutlicher und durchgängiger, falls er nicht schon
durch die unmittelbar bevorstehende erste Anlage des
Rusconischen Afters getrübt ist. Wählte man eine Färbung
in hellen Farben, etwa gelb oder rot, bei der das Pigment
des Eis deutlich hervortritt, oder untersucht man ungefärbte
Schnitte, so sieht man bei den Bastarden auf den ersten
Blick schon ein helles pigment- und kernloses Feld in
ziemlicher Ausdehnung sich unterhalb der Furchungshöhle
erstrecken, den noch unsegementierten Eiteil. Bei den
Normalen ist dieses Feld zwar auch vorhanden, doch ist es
hier durchschnittlich kleiner und rund herum von sich lebhaft teilenden, alle Stadien von Mitosen zeigenden Zellen
eingeengt, was sich durch die lebhafte Pigmentierung

dieser Gebiete fast schon makroskopisch kundgiebt. Besonders lebhaft findet diese Proliferation in der Nähe des Überganges von Furchungshöhlendecke in Furchungshöhlenboden statt. Infolgedessen sind einmal diese seitlichen Partieen von innen nach aussen mehr erhöht, so dass mit der weniger lebhaft proliferierenden Bodenmitte zusammen eine mehr oder weniger stark konkave Form des Furchungshöhlenbodens resultiert. Andererseits ergiebt sich daraus eine Verstärkung der unteren Deckenränder, die erst ganz allmählich nach dem Deckenscheitel zu sich verdünnen. Es ist klar, dass aus diesem Vorgange eine mehr oder weniger gleichmässige Rundung der Furchungshöhle nach allen Seiten, ein ganz allmählicher, unmerklicher Übergang der Decke in den Boden resultiert. (Vergl. Fig. 1.)

Bei den Bastarden dagegen reicht die an den entsprechenden Stellen zwar auch vorhandene Proliferation doch nicht hin, um einen solchen, gewissermassen harmonischen Ausbau zu bewirken. Die Oberfläche des Furchungshöhlenbodens bleibt glatt, ja sie wird sogar wegen gleichzeitig äusserst mangelhafter Proliferation der Bodenmitte und seitlichem Verbrauch von Material zur seitlichen Proliferation, in vielen Fällen konvex. In geringerem Grade kann eine Konvexität der Bodenmitte bei sonst konkavem Boden daher aus ähnlichen Gründen auch bei Normalen zu Stande kommen, so dass dann der Boden etwa die Gestalt der Bodeneintreibung in einer bauchigen Kochflasche hat.

Es sei gleich hier bemerkt, dass man bei nicht sehr sorgfältiger Prüfung seiner Schnittserien auf arge Widersprüche stossen kann. Zunächst können die seitlichen Schnitte deutlich konkaven Furchungshöhlenboden zeigen, während die mittleren eben so deutlich denselben konvex aufweisen. Dies ist dann der Fall, wenn die Decke innen mit einer, wenn auch nur geringen Rundung in den Boden übergeht. Oder aber ein normales Ei zeigt exquisit konvexen, gegen die Decke scharf abgesetzten Boden; dies erklärt sich aus rechtwinklich gegen die Symmetrieebene gefallenen Schnitt bei Eiern in den ersten Anfängen des

Rusconischen Afters. Man wird dann sicher nach dem einen Ende der Serie zu deutlich konkaven Boden und auch noch ziemlich grosse Schnitte ohne Furchungshöhle zum Schluss antreffen. Diese Erscheinung findet aus der weiter unten beschriebenen Bodenform eingangs der Gastrulation eine ungezwungene Erklärung. Der flache oder konvexe Boden der Bastarde erhebt sich nach dem Rande zu infolge mangelhafter Proliferation des unterliegenden Zellmaterials entweder sehr wenig oder selbst gar nicht. Daher findet auch nur in geringem Maasse (oder selbst gar nicht) ein Ausgleich seines Ansatzes an die Decke statt. Der Querschnitt dieses Ansatzes ist winklig mit wenig, in exquisiten Fällen gar nicht abgestumpfter Spitze des Winkels. Die Decke, unten nicht durch angelagertes Material verstärkt, verläuft in fast oder ganz gleicher Dicke vom Scheitel bis zum Boden und setzt sich an diesen recht- bis spitzwinkelig an. (Letzteres bei konvexem Boden, vergl. Fig. 2.) Übrigens kommt vereinzelt auch ein etwas mehr gerundeter Ansatz vor. Ein ganz allmählicher Übergang der Decke in den Boden aber, wie bei den Normalen, findet sich bei keinem einzigen der untersuchten Bastarde. Sehr auffällig ist bei typischen Exemplaren dabei der Unterschied der Gestalt der optischen Deckenschenkel. Dieser letztere weist nur in seinem Scheitel bei Normalen, und zwar bei ganz fein gefurchten, nur 2 Zelllagen auf, nämlich eine äussere, aus platten Zellen bestehende, stärker pigmentierte, und eine innere, mit grösseren, mehr kubischen bis zylindrischen Zellen. Weiter unten treten von innen nach aussen immer mehr neue Lagen auf, so dass deren beim Übergang in den Boden (wenn man einen Übergang überhaupt konstatieren kann) eine stattliche Zahl vorhanden sind. — Bei den Bastarden bleibt in extremen Fällen die gleichfalls vorhandene doppelte Zellschicht bis fast oder ganz an den Boden herab allein bestehen, in den meisten wird sie kurz über diesem sehr rasch von innen her verstärkt.

4

Die geschilderten Verhältnisse bleiben unverändert bestehen bis zur ersten Anlage des Rusconischen Afters, die bei Bastarden und Normalen ziemlich a tempo im Laufe des Nachmittags am 31. März 1893 erfolgte (wenn man von einigen zweifelhaften Eiern, die den Bastarden angehören und vielleicht schon vorher den Rusconischen After anlegten, absieht).

Ganz kurz vor dem Sichtbarwerden der ersten Anlage des Rusconischen Afters verliert bei den Normalen der Furchungshöhlenboden seine regelmässige Gestalt. Das bevorstehende Ereignis bereitet sich durch eine ganz ausserordentlich lebhafte Proliferation derjenigen Randpartie vor, die der ersten einschneidenden Furche der Rusconischen Afteranlage entspricht. Die äusserst lebhafte Zellvermehrung hebt den Boden an der betreffenden Seite deutlich empor und schiebt ihn der Decke entlang ein Stück in die Höhe. Dadurch entsteht, wohlgemerkt nur bei sagittaler Schnittrichtung, eine ⌒förmige Begrenzungslinie des optischen Bodenquerschnittes. Allmählich weicht diese Bodenform dann wieder einer äusserst stark konkaven, U-förmigen, indem Proliferation und Empordrängen mit dem weiteren Fortschreiten des Schlusses des Rusconischen Afters allmählich um die ganze Peripherie herumgehen (vergl. Fig. 3 und 5). Soviel wir auch normale Eier dieses Stadiums untersuchten, wir fanden die geschilderte eigentümliche Form der Bodengestaltung absolut konstant, wenn auch natürlich geringfügige quantitative Unterschiede in der Ausbildung der Krümmungen vorkamen, — würden doch wahrscheinlich schon Temperaturdifferenzen der Umgebung genügen, um derartige quantitative Unterschiede hervorzurufen.

Gleich das erste Bastard-Ei, welches wir auf demselben Stadium untersuchten, weist keine Spur von der bei den Normalen so charakteristischen Bodenform auf, obwohl es genau dem Stadium, in welchem dieselbe aufzutreten pflegt, entspricht. Der Boden ist hier einfach konvex, der Innenrand der Decke endet an ihm in scharfem, spitzem Winkel.

Die Decke zeigt sich vom Scheitel bis zum Rande durchweg aus 2 Zelllagen bestehend, nur ganz unten etwas verstärkt. (Vergl. Fig. 4. Die in der Figur als Anlage des Rusconischen Afters sichtbare Gabelfurche ist nicht ein Zeichen von schlechter Eiorientierung, wie wir uns ausdrücklich überzeugt haben; denn von einer solchen könnte sich auch der stark konvexe Boden herleiten.) Auch der auf vielen Schnitten verfolgbare Rusconische After ist nicht ganz normal. Auf den meisten Schnitten klafft er deutlich etwas, seine Enden laufen ganz ausserordentlich flach aus. Das Klaffen war schon bei der Lupenuntersuchung an vielen noch lebenden Eiern dieses Versuchs aufgefallen, wie wir uns erinnern.

Ein weiteres Ei desselben Stadiums zeigt die hervorgehobenen Unterschiede von den Normalen womöglich noch ausgeprägter. Auch hier ist die gleichmässig dünne Furchungsdecke von dem stark konvexen Boden in spitzem Winkel abgesetzt. Das Klaffen des Rusconischen Afters ist auch hier in der Mitte recht deutlich. Ausserordentlich ausgeprägt ist diese letztere Eigentümlichkeit bei einem dritten Ei desselben Stadiums. Der klaffende Spalt, dessen Ränder durch ihre Pigmentierung ihre Integrität zeigen, geht in radiärer Richtung tief in das Ei hinein und vergisst scheinbar die Umbiegung mit der er in normalen Eiern dieses Stadiums als innere Lippengrenze weiter vordringt.

Weitere Befunde im einzelnen aufzuzählen hätte unserer Meinung nach sehr wenig Zweck; es genüge zu erwähnen, dass auch nicht ein einziges der von diesem Versuch untersuchten Bastardeier irgend wie wesentlich von dem in diesen drei Beispielen skizzierten Schema abweicht.

Es ergiebt sich somit als wahrscheinlicher Grund des Scheiterns der Weiterentwickelung bei den Bastarden dieses Versuchs der Mangel einer bei den Normalen stets vorhandenen Zellproliferation im Anfange des Rusconischen Afters an zirkumskripter Stelle, die zum Fortschreiten der Gastrulation unumgänglich notwendig zu sein scheint. Es bleibt nur übrig anzunehmen, dass dieser Vorgang bei den

Normalen durch eine dem Ei innewohnende spezifische Energie ausgelöst wird, die dem Bastard in unserem Falle fehlt. Da die normalen Eier sich ganz typisch verhielten und schöne Gastrulae zu Wege brachten, liegt wenigstens kein Grund vor anzunehmen, dass irgend welche beide Gruppen treffende äussere Schädlichkeiten den Stillstand veranlasst haben.

Es folgt der Versuch vom 1. April 1893. Das erste der hier eingelegten Stadien bietet bei Normalen wie Bastarden, gemäss dem späteren Eintreten der Furchung, welches schon in der Beschreibung des Versuchs erwähnt wurde, keine Spur von Furchung oder auch nur Kernteilung. Freilich ist die Zahl der gesehenen Kerne nur eine sehr geringe, wegen des äusserst schlechten brüchigen Zustandes der konservierten Eier grade dieses Stadiums, ein Übelstand, der übrigens in noch weit höherem Grade sämtlichen konservierten Eiern von R. e. ♀ anhaftete und deren mikroskopische Untersuchung ausserordentlich erschwerte. In einigen Eiern fand sich noch sehr deutlich die Pigmentstrasse des eingedrungenen Spermatozoon, schräg an der Oberfläche in die Tiefe verlaufend.

Eine ähnliche Pigmentbahn findet sich auch noch in den Eiern des zweiten eingelegten Stadiums, welche die Bildung der ersten Furche in allen Stadien, von der Mutterspindel bis zur Vollendung der Furche nach Zuruhegelangen der Tochterkerne zeigen und zwar bei Bastarden und Normalen, soweit erkennbar, ohne Unregelmässigkeiten.

Solche finden sich aber in dem nächsten in der dritten Furche begriffenen Stadium der Bastarde. Erstens ist da ein Ei, welches sich schon makroskopisch durch seine unregelmässigen Umrisse auszeichnet. Es ist eines von den sogenannten »Zerknüllten«. Das Mikroskop zeigt zahlreiche Pigmentstrassen, die ganz nahe der Oberfläche verlaufen. Dadurch ist der Beweis erbracht, dass es sich um Polyspermie handelt. Gleichfalls unter den Bastarden finden sich hier einige wenige, bereits in eine grössere Anzahl von Segmenten zerfallene Eier, welche wegen starker

Pigmentanhäufung an umschriebenen Stellen ebenfalls
dringend der Polyspermie verdächtig sind. Übrigens ist
eine ganze Anzahl der Eier bereits über die dritte Furche
hinaus ganz grob gefurcht.

Im nächsten Stadium findet sich auch bei den Normalen
ein polyspermes Ei, welches gleichfalls »zerknüllte« Form
und zahlreiche Pigmentstrassen zeigt. Gefurcht ist dasselbe
nicht. Die übrigen normalen Eier sind mittelfein gefurcht.
Die Furchungshöhle ist bei den meisten rund, die Decke
noch ziemlich dick. Bei den meisten ist der Boden deutlich konkav.

In Bezug auf die im ersten Versuch schon während
der ersten Stadien gefundenen Unterschiede zwischen
Normalen und Bastarden herrscht hier bei letzteren durchaus kein so konstantes Verhalten. Neben Eiern, welche
einen flachen bis konvexen Boden der Furchungshöhle und
deutliches Abgesetztsein der dünnen, bei einigen Eiern aus
nur einer Zellenlage am Scheitel bestehenden Decke aufweisen, finden sich andere, die sich sehr dem Typus der
Normalen nähern. Bei zwei Eiern findet sich eine Art
kleiner, zweiter Furchungshöhle, wohl eine abgeschnürte
Ausbuchtung der eigentlichen, in Gestalt eines im Schnitt
sich teilweise mit ähnlichem Gerinnsel, wie die grosse
Höhle gefüllt zeigenden kugeligen Loches im Deckenrande
oberhalb des Höhlenbodens, allseitig abgeschlossen.

Im nächsten Stadium sind sowohl von den Normalen,
wie von den Bastarden je zwei getrennte Gruppen zu betrachten, die in der Beschreibung des Versuches erwähnten
Wärme- und Kälteeier (A bezw. B). Die Wärmeeier der
Bastarde haben jetzt mit ganz geringen Ausnahmen und
mit Übergehung eines polysperm befundenen Eies sämtlich
die beim ersten Versuch als typisch geschilderte Form
angenommen. Die äusserst und ganz gleichmässig dünne
Decke ist vom Boden scharf abgesetzt, letztere flach oder
sogar konvex, die Furchungshöhle im Querschnitt halbmondförmig und ausserordentlich weit. Dabei sind die Eier
ganz fein durchgefurcht. Die Decke zeigt deutliche Diffe-

renzierung in zwei Schichten. Bei keinem ist schon etwas vom Rusconischen After zu sehen. Die Kälteeier sind sehr viel weiter zurück, höchstens mittelfein gefurcht und zeigen nur zum Teil den schönsten Bastardtypus. Die Normalen dieses Stadiums zeigen, mit zwei Ausnahmen, die sich dem Typus der Bastarde nähern, ohne ihn jedoch zu erreichen, in ihren Wärmeeiern bereits die Ausbildung des ⌣ förmigen Bodens, eines von ihnen sogar schon die erste Andeutung des Rusconischen Afters. Dabei ist sehr schön die lebhafte Zellproliferation und Dotterhebung an bewusster Stelle zu sehen.

Die Kälteeier der Normalen zeigen fast typische Bastardformation, mit einer einzigen, nicht sehr ausgesprochenen Ausnahme. Wir werden zu der Annahme gedrängt, dass daran die Kälte schuld gewesen sei, indem ihr ja erfahrungsgemäss sehr mitosenwidriger Einfluss die lebhafte Proliferation unterhalb der Deckenränder unterdrückt haben könnte. Unterstützt wird diese Annahme dadurch, dass diese Eier, soviel wir uns erinnern, abstarben.

Das nächst eingelegte Stadium zeigt uns bei Bastarden wie Normalen die Anlage des Rusconischen Afters. Bei den Normalen ist das ganze Bild ein höchst gleichmässiges und typisches. Der Rusconische After ist circulär geschlossen und schon recht eng. Die Umwachsung und somit die Bildung der Urdarmhöhle ist vollendet, die Furchungshöhle vollkommen verschwunden. Der Dotter liegt, leicht gekrümmt, im ventralen Teil der Urdarmhöhle und verschliesst als Dotterpropf den Blastoporus.

Um noch ein etwas früheres Stadium zum Vergleich mit den Bastarden zu erhalten, wurde aus anderweitig konserviertem Material, welches Herr Professor Born uns zu überlassen die grosse Liebenswürdigkeit hatte, Eier entsprechender Stadien von Rana arvalis, also solche mit halbmond- und hufeisenförmigem Rusconischen After ausgewählt und geschnitten. Dieselben zeigen im Stadium des halbmondförmigen Rusconischen Afters noch zum Teil die ontrierte ⌣ Bodenlinie, die anderen und ebenso die

Eier mit hufeisenförmigem Rusconischen After haben den
passiven Eiinhalt schon so energisch in die Höhe getrieben,
dass statt dessen die Uförmige Bodenlinie herauskommt.
Bei diesen letzteren ist die Umwachsung schon recht weit
vorgeschritten. Von diesem Bilde weichen nun die Bastarde in mehr-
facher Beziehung nicht unwesentlich ab.

Alle Eier des mit dem zuerst geschilderten Normalen
gleichaltrigen Stadiums zeigen sich hinter diesen ganz bedeutend im Rückstande. Nur sehr wenige haben den
Rusconischen After überhaupt zum Schlusse gebracht und
diese zeigen ihn als ausserordentlich grossen Kreis. Die
meisten sind auf dem Stadium des halbmond- bis hufeisenförmigen Urmunds stehen geblieben. An einigen von diesen
zeigt sich wieder das bei der Besprechung des ersten
Versuches erwähnte Klaffen des Urmundes. Auch hier fällt
ferner bei sämtlichen Bastarden die geringe Beteiligung
der vegetativen Eihälfte auf. Der Boden zeigt bei keinem
der untersuchten Eier dieses Stadiums die für die Normalen
charakteristische Ausgestaltung. Im günstigsten Falle ist
er flach und zwar sehr flach konkav, gewöhnlich ganz eben
oder gar konvex. Von der lebhaften marginalen Erhebung
ist also hier wieder nichts zu sehen. Infolgedessen bleibt
auch die Decke vom Scheitel bis zum Rande ganz gleichmässig dünn. Wahrscheinlich dieser Dünne ist ihre ausserordentlich häufige Beschädigung und Einbeulung zuzuschreiben. Es macht sich aber noch eine zweite Erscheinung
an dieser Decke geltend, die unsrer Ansicht nach von
enormer Wichtigkeit für das spätere Schicksal der Bastarde ist.

Die Decke erscheint, nur ganz wenige Eier ausgenommen,
wie gewaltsam aufgebläht und dies so stark, dass sie sich
mit deutlichem, äusserlich an den Eiern als Äquatorialfurche
sichtbarem Knick an die vegetative Hälfte des Eies ansetzt. (Vergl. Figur 7.)

Gleichzeitig ist die Furchungshöhle überall abnorm aus-
geweitet, wenn wir von den etwa erlittenen Einbeulungen
absehen, und so können wir nicht anstehen, die eben be-

schriebene Erscheinung als den Ausdruck eines fast bei
allen Bastarden aufgetretenen Hydrops der Furchungshöhle
zu betrachten. Unterstützt wird diese Auffassung insofern,
als auch Pflüger und Born bei ihren Bastarden späterer
Stadien, besonders bei eben ausgeschlüpften Bastardlarven
hydropische Erscheinungen beobachteten und dies so häufig,
dass dieses Vorkommen von Born sogar in seine Auf-
stellung einer Stufenleiter der Entwickelungsfähigkeit mit
aufgenommen wurde. Übrigens kann dieser Hydrops nicht
als alleinige Ursache des Stehenbleibens der Entwickelung
aufgefasst werden, denn einige Eier zeigten ihn nicht,
brachten es aber trotzdem nicht viel weiter.

Auch die in den Versuchs-Protokollen befindliche Notiz,
dass, soviel ersichtlich, die kleinsten Eier es auch am
weitesten brachten, kann nicht als beweisend in diesem
Sinne gelten, denn ebenso können diejenigen Eier, die sich
aus irgend einer anderen Ursache nicht weiter entwickelten,
nachträglich doch noch hydropisch geworden sein, so dass
wir etwa in dem Hydrops lediglich eine gewissermassen
agonale Erscheinung ohne tiefere causale Bedeutung zu
sehen hätten. Dass wir bei dem ganzen ersten Versuch,
in dem die Entwickelung etwa auf gleichem Stadium
sistierte, nichts von Hydrop wahrnehmen konnten, spricht
jedenfalls eher zu Gunsten dieser letzteren Annahme.
Andererseits machen sich aber doch an den hydropischen
Eiern Erscheinungen geltend, die sich am ungezwungensten
als durch von dem Hydrops veranlasste Druckwirkungen
erklären lassen. Eine solche an mehreren Eiern beobachtete Erscheinung ist z. B. die, dass vom unteren,
äusseren Rande der Furchungshöhle sich parallel der Eioberfläche ein mehr oder weniger circulärer Spalt von
wechselnder Tiefe ausbildet, der somit fast den ganzen
Einhalt von der Eirinde trennt. Ferner zeigt sich bei
vielen Eiern der Dotter durch den Urmund förmlich gewaltsam hervorgepresst, sodass er eine sehr augenfällige
Hervorragung über die allgemeine Eirundung, einen förm-
lichen Stöpsel für den Urmund vorstellt.

Drittens ist wahrscheinlich an denjenigen Eiern, welche
bei konkavem Furchungshöhlenboden sonst durchaus typisch
den fatalen Bastardhabitus, besonders auch stark klaffenden
Rusconischen After zeigen, die Bodenkonkavität sowohl,
wie das Auseinanderdrängen der Urmundspalte auf das
Konto dieser Druckwirkungen zu setzen.

Da nach hydrostatischen Gesetzen der Hydrops der
Furchungshöhle, wenn überhaupt, einen allseitig gleichen
Druck ausüben muss, so muss dieser auf eine Abrundung
der Furchungshöhle hinzielen. Dass dabei aber die dünne
Decke stärker beeinflusst werden wird als der dickere
und daher unnachgiebigere Boden der Furchungshöhle,
erscheint nicht wunderbar, und wir finden in der
That eine ganze Anzahl Eier, die bei gradezu ballonartig
geblähter Decke einen ganz flachen oder kaum konkaven
Boden besitzen. Nun ist letzterer aber bei einer etwa
gleichen Zahl der Eier deutlich konvex und dies führt uns
auf das zweite mit dem Hydrops konkurrierende Moment,
die mangelhafte Zellproliferation in der vegetativen Hälfte,
besonders an deren peripheren Partieen, denn aus dem
Hydrops allein ist eine solche konvexe Bodenform nicht
erklärlich. In der That zeigt sich schon durch den
Färbungsunterschied, die grössere Pigmentfülle, bei den
Normalen die grössere Aktivität dieser Randpartieen an,
ganz abgesehen davon, dass das Resultat dieser Aktivität
in Gestalt reichen neugebildeten Zellmaterials handgreiflich
vorliegt, welches nicht nur die ganze Randzone der vegetativen Eihälfte vollkommen ausfüllt, sondern an der Ei-
wand förmlich emporklettert und die Deckenwand zusammen
mit gleichzeitig emporgeschobenem Dottermaterial auf immer
grössere Höhe hin verstärkt. Bei den Bastarden ist in
den ausgeprägten Fällen von alledem nichts zu sehen;
höchstens kommt es dazu, dass der untere Deckenrand
etwas verstärkt wird und somit nicht gradezu scharfwinkelig
an den Boden sich ansetzt. Im übrigen ist aber die ganze
Decke gleichmässig dünn und muss sich sogar bei den
meisten mit einem plötzlichen Absatz, der nach innen zu

gelegen ist, verdicken, um in den entsprechenden äusseren
Teil der Urmundlippe überzugehen. Wahrscheinlich diesem
plötzlichen Übergang der noch durch hydropische Dehnung
verdünnten Decke in den erwähnten Lippenteil, verbunden
mit der Tendenz, die Decke nach aussen hervorzuwölben,
ist es zu danken, dass an dieser Stelle, genau gegenüber
dem inneren Absatz, aussen ein tiefer Knick bei so vielen
Eiern entstanden ist. (Vergl. Figur 7.)

Nach dem ganzen im Vorstehenden entworfenen Bilde
musste die Prognose dieser Eier, besonders nach den Erfahrungen des ersten Versuchs, als eine äusserst trübe
erscheinen. Und wirklich ist auch noch in dem nächsten
untersuchten Stadium eine ganze Reihe analoger Formen
vorhanden. Gleichzeitig zeigt sich an diesen eine Erscheinung, die ganz vereinzelt schon vorher beobachtet
wurde und nicht weniger bedeutet, als einen ausgesprochenen
Verzicht auf eine normale Weiterentwickelung. Die innere
Lippengrenze giebt es nämlich auf, durch Aggregation
neuen Materials an die Deckenwand die Möglichkeit zum
weiteren Vordringen nach der Höhe zu, zur Umwachsung
der Furchungshöhle zu erhalten — sie biegt nach innen
von der Wand ab, verläuft dann parallel mit der glatten
Fläche des Furchungshöhlenbodens ein Stück unter dieser
und scheint sich sogar in einigen Fällen durch Ausläufer-
spalten (vergl. Figur 6) mit ihr zu verbinden. Das heisst,
es kommt nicht mehr zum Verdrängen der Furchungshöhle
durch die Gastrulahöhle, sondern es bereitet sich eine
so zu sagen stümperhafte, unvollendete, freilich nie zur
Vollendung gelangende Gastrulation vor, bei der Urdarm-
und Furchungshöhle nebeneinander getrennt bestehen blieben,
letztere gewissermassen in dem doppelten Boden von ersterer
sässe. Wie gesagt, kommt es aber anscheinend nicht so weit;
die Eier sterben vorher in dem geschilderten Stadium ab.

Neben diesen, sozusagen als unvermeidliche Konsequenz
aus dem vorhergehenden Stadium hervorgegangenen Formen
finden sich jetzt aber einige wenige andere, welche ein
ganz anderes Aussehen, eine recht erhebliche Annäherung

an den normaien Typus erkennen lassen. Nur sind alle
Charakteristica der Normalen viel schwächer ausgeprägt
als bei diesen. Dies gilt besonders von der den Beginn
der Gastrulation begleitenden $\sim$ Bodenform. Der Hydrops
fehlt diesen Eiern vollkommen. Sie entsprechen somit
höchst wahrscheinlich denjenigen, welche in den Versuchs-
protokollen als »klein« bezeichnet werden.

Diesen schon hier somit kundgegebenen zwei verschiedenen Typen der Bastarde durchaus gemäss zeigen denn
auch die nächsten Stadien einmal zahlreiche Exemplare, die
durchaus denselben Charakter bewahrt haben, wie die vorstehend geschilderten hydropischen Eier, andererseits aber
eine Anzahl solcher, welche es zu einer höheren Entwickelungsstufe gebracht haben. Über die ersteren ist
kaum noch nötig, etwas anderes hinzuzufügen, als etwa,
dass sie sich zum grossen Teil noch recht lange lebend
erhalten haben und das ganze Ende des Versuchs ausschliesslich beherrschen.

Dagegen erheischen die weiter entwickelten eine etwas
eingehendere Besprechung. Es sind dies diejenigen Eier,
welche bei ziemlich hoher Temperatur den 4. bis 5. April
1893 auf dem Ofen gestanden hatten. An diesen war, soweit äusserlich sichtbar, die Rückenrinne bei noch teils
mehr, teils weniger weitem Urmund, ja sogar teilweise
noch vor dessen circulärem Schlusse aufgetreten. Einige
waren deutlich länglich geworden. Infolge dieser makroskopischen Befunde wurde hier teils längs, teils quer geschnitten.

Wir wollen zunächst die Längsschnitte erledigen, weil
sie, als mit den vorstehend beschriebenen Stadien gleich
orientiert, am leichtesten eine Beurteilung des gewonnenen
Fortschrittes ermöglichen. An diesen Längsschnitten also
ist beim grössten Teile der hierhergehörigen Exemplare zu
konstatieren, dass der Rusconische After circulär geschlossen,
aber durchaus nicht bei allen diesen gleichmässig verengt ist.

Die Umwachsung selbst liegt in verschiedenen Stadien
der Vollendung vor, doch ist sie durchschnittlich recht
weit gediehen. Auffällig war bei einigen Eiern, bei denen
die Furchungshöhle als solche noch vorhanden war, die
ziemlich reiche Menge losen Materials, das dieselbe zum
Teil erfüllte und das sich durch die sehr vollkommen
runde Gestalt seiner einzelnen Teile als nicht etwa acci-
dentell zersprengt answies. Über den Zustand der Rückenrinne und benachbarten Teile lässt sich von unsern Längsschnitten wenig aussagen.

Desto mehr ist dies bei den quergeschnittenen Larven,
— so muss man dieses Stadium ja wohl schon nennen, —
der Fall. Dabei zeigt sich denn auch hier, dass die Entwickelung der spezifisch animalen Teile derjenigen der
mehr vegetativen wieder weit vorausgeeilt ist. Denn
während bei den Normalen im Stadium der Rückenrinne, ganz im Anfangsstadium der Rückenwülste, das Ei
bereits länglich wird, mindestens aber der Rusconische
After punktförmig geworden, die Gastrulation vollkommen
abgeschlossen ist, finden wir hier im Gegensatz dazu bei
noch weitem, ja sogar nicht einmal circulär geschlossenen
Urmund eine Differenzierung in der dorsalen Hälfte, wie
sie nach dem makroskopischen Befunde selbst noch lange
nicht zu erwarten war. Allerdings haftet auch dieser
hohen Ausgestaltung ein in seiner Art wiederum recht
charakteristischer Mangel an, — doch davon später.

Es findet sich bei denjenigen Eiern, die makroskopisch
eine Anlage der Rückenrinne zeigten, mikroskopisch nicht
nur diese, sondern bereits eine ausserordentlich deutliche
Differenzierung der sie begrenzenden Zellen. Es ist bereits
zur Ausbildung einer deutlichen Medullarplatte gekommen.

Unterhalb dieser Medullarplatte findet sich bereits die
Chorda dorsalis und zu beiden Seiten von ihr die Anlage
des Mesenchyms. Diese Teile zeigen aber ein eigentüm-
liches, von dem normalen Typus abweichendes Verhalten
insofern, als sie gleichzeitig mit einer offenen Medullarplatte
vorhanden sind. Diese Medullarplatte ist nun allerdings

ihrerseits auch eigentümlich genug gestaltet. Es ist nämlich
überhaupt zu keiner ordentlichen Entwickelung von Rückenwülsten, trotz der Anlage der Urwirbel gekommen, sondern
die Rückenrinne stellt eine ganz flache, überhaupt nur in
den hinteren Teilen merkliche Einsenkung dar, deren ganze
Breite durch die Medullarplatte gebildet wird. Der Querschnitt dieser ist abgerundet T förmig, das heisst, sie trägt
unten in der Mitte einen leistenartigen, seitwärts an die
Köpfe der Urwirbelplatten, unten an die Chorda stossen-
den Vorsprung, der nicht überall ganz gleich ausgebildet,
immerhin aber augenfällig genug ist. (Vergl. Figur 8.)
Diesem Vorsprung entsprechend findet sich ein feiner,
pigmentierter Längsspalt in der Medullarplatte, dessen Tiefe
eine wechselnde ist. Das anstossende Ende der Urwirbelanlage ist ziemlich gleichmässig gerundet und schiebt sich
zwischen den halben horizontalen und den vertikalen Teil
des T jederseits ein, welcher letztere nach unten durch die
Chorda eine Verlängerung erfährt.

Wahrscheinlich ist hier einer mangelhaften Entwickelung
des mittleren Keimblattes die ungenügende Modellierung
der Medullarplatten durch deutliche Rückenwülste und der
fehlende Schluss zu einem Medullarrohr zuzuschreiben.
Statt dessen ist nur eine Faltung des mittleren Teiles der
Medullarplatte erfolgt. Zu einer typischen normalen Rücken-
wulsteentwickelung sind aber wiederum energische Zell-
proliferationsvorgänge an circumskripter Stelle notwendig
und diese fehlen hier augenscheinlich.

Es ist also auch hier, bei den weiter entwickelten Larven
doch schliesslich eine analoge Ursache der Quell von fehler-
hafter Entwickelung und Stillstand, wie bei den auf früheren
Stadien stehen gebliebenen: der Mangel einer an bestimmter Stelle zu bestimmter Zeit auftretenden
energischen Zellvermehrung.

Das Resultat der mikroskopischen Untersuchung des
Versuchs vom 4. April 1893 stimmt so vollständig mit dem
des Versuchs vom 30. März 1893 überein, dass es einer
besonderen Besprechung überhaupt nicht bedarf. Es sei

nur noch ausdrücklich erwähnt, dass hydropische Erscheinungen bei diesem Versuch ebensowenig wie bei dem vom
30. März 1893 zur Beobachtung gelangten. Dieses über-
einstimmende Resultat der beiden Versuche erscheint uns
insofern besonders ewähnenswert, als in dem vom 4. April
1893 einheimische, überwinterte, also noch lange nicht
brünstige Männchen von Rana esculenta verwendet
wurden.

Abgesehen von den in der Beschreibung mit aufgezählten
mehr oder weniger missglückten Versuchen, bleibt uns also
nur noch einer, der die reziproke Befruchtung R. a. ♂
R. e. ♀ betrifft, der erste vom 17. April 1893 zu erledigen.

Wie es makroskopisch schon konstatiert worden war,
so wurde es auch mikroskopisch erhärtet, dass die Eier
der Rana esculenta auf dem Transport ganz ausserordentlich gelitten haben mussten. War schon damals die Zahl
der unregelmässigen, abgestorbenen und unbefruchteten
Eier eine im Vergleich zu den anderen Versuchen ausserordentlich hohe gewesen, so wurde auch jetzt bei der
mikroskopischen Verarbeitung des konservierten Materials
eine so grosse Zahl von unbefruchteten, von vacuolisierten
und von polyspermen Eiern angetroffen wie bei keinem
der anderen Versuche.

Hier verdient auch Erwähnung, dass das konservierte
Material von einer geradezu ermüdenden Bröckeligkeit war,
wie es uns bei den anderen Eiern nur ausnahmsweise
vorkam.

Sieht man übrigens von den vielen abgestorbenen und
polyspermen Eiern ab, so stimmt das mikroskopische
Resultat des ersten Versuchs vom 17. April vollkommen
mit demjenigen der vorstehend beschriebenen Versuche
überein. In einigen Punkten zeigt sich eine ganz besondere
Annäherung an den Hauptversuch vom 1. April 1893.

Von den ersten Stadien ist kaum etwas besonderes zu
berichten. Vielleicht ist es der Erwähnung wert, dass dieselben besonders hinsichtlich der Ausbildung der Furchungs-

höhle durchweg, und zwar die Normalen fast noch mehr als die Bastarde, viel unregelmässiger aussahen, als die entsprechenden sämtlicher anderen Versuche. So ist es, um nur ein Beispiel dieses unregelmässigen Aussehens zu zitieren, gar nicht selten, dass die Furchungshöhle von einem Schnitte zweimal getroffen wird. In dieselbe Kategorie gehört übrigens auch wohl das Vorkommen einer ganz kleinen, wie die eigentliche Furchungshöhle am Präparat teilweise mit Gerinsel gefüllten zweiten Höhle, ein Vorkommnis, das sowohl bei Bastarden wie bei Normalen beobachtet wurde.

Bei den weiteren Stadien tritt hier ein Moment sehr in den Vordergrund, welches zwar auch bei den Versuchen vorhanden gewesen war, aber doch keine so hervorragende Rolle gespielt hatte, nämlich die Verdünnung des Deckenscheitels. Dieser besteht auf dem mittelfeingefurchten Stadium bei einer Anzahl der Bastarde aus einer einfachen Zelllage von flächenhaft recht ausgedehnten aber ganz glatten Zellen. Bei einigen dieser Eier zeigt sich nun, wahrscheinlich in Folge von Hydrops, eine Aufblähung dieses dünnen Deckenscheitels, so dass derselbe dem übrigen Einmfange etwa ebenso aufzusetzen scheint, wie die Cornea der Sklera. Ähnelt dieser Versuch also in Bezug auf das Auftreten hydropischer Erscheinungen schon dem vom 1. April, so wird diese Ähnlichkeit noch grösser dadurch, dass auch hier zwei Sorten von Bastarden, wie bei jenen sich unterscheiden lassen, nämlich wieder solche mit dem vorstehend genugsam erörterten gänzlich in Ruhe Verharren der vegetativen Eihälfte, eventuell hydropischen Erscheinungen und solche, bei denen eine Annäherung an den normalen Typus vorhanden ist. Die ersteren bleiben auch hier wieder in der ersten Anlage des Rusconischen Afters oder kurz vor derselben stehen und bedürfen, da sie nichts besonderes zeigen, keiner nochmaligen Besprechung.

Die anderen bringen es auch hier bis zur mehr oder minder vollkommenen Gastrula, bei der es aber, soweit unsere Beobachtungen reichen, nicht zur Bildung einer deutlichen Medullarplatte, von Rückenwülsten, von Mesenchym oder zur Chordaabschnürung kommt. Eine nicht mit Sicherheit als solche zu deutende Rückenrinne scheint bei einigen vorhanden zu sein. Der Ruseonische After bringt es bei diesem Typus meist zum zirkulären Schluss, die Weite des Ringes bleibt aber bei verschiedenen Eiern recht verschieden.

Die erreichte Vollkommenheit der Umwachsung schwankt gleichfalls bei den untersuchten Eiern. Auch hier finden sich wieder einige, bei denen neben unvollständiger Umwachsung die Furchungshöhle mit lockerem Zellmaterial erfüllt ist. Leider wurde die genaue Untersuchung der Gastrulae durch den schlechten Erhaltungszustand des Eiermaterials ganz unverhältnismässig erschwert.

Etwas von den Ergebnissen der anderen Versuche wesentlich abweichendes hat somit auch dieser Versuch mit der unseres Wissens hier zuerst mit Erfolg angestellten umgekehrten Bastardierung von R. e. ♀, R. a. ♂ nicht ergeben.

Es bleibt somit nur übrig, die Ergebnisse dieser Arbeit kurz zusammenzufassen.

Die Bastardierung von Rana esculenta und Rana arvalis ist in beiden Richtungen möglich.

Die Bastardeier zeigen weder bei der Befruchtung noch während der ersten Stadien der Furchung weder äusserlich noch innerlich irgend welche von den gleichen Vorgängen bei normalen abweichende Erscheinungen.

Mit dem Vorschreiten der Entwickelung macht sich aber mehr und mehr ein deutliches Zurückbleiben der vegetativen Eihälfte bemerkbar. Besonders deutlich wird diese geringere Entwickelungsenergie dann, und an den Stellen, wo es auf eine circumskripte energische Zellproliferation ankommt.

Solche Gelegenheiten, die für uns in Betracht
kommen, sind, wie wir gesehen haben, erstens die
Gastrulation, zweitens die Bildung der Rückenwülste. Die meisten Bastarde scheitern schon bei
der ersten Gelegenheit; eine geringe Anzahl, welche
aber auch hier schon weniger Energie entfaltet,
als die normalen, überwindet diese erste Klippe
zur Not, scheitert aber dann mit Sicherheit an der
zweiten.

Der erwähnte Mangel, glauben wir, wird sich
kaum anders, als durch Annahme einer dem
normalen Ei innewohnenden, die fraglichen Pro-
liferations-Vorgänge veranlassenden spezifischen
Energie erklären lassen, welche dem bastardierten
Ei mangelt.

Den teilweise aufgetretenen Hydrops vermögen
wir nicht sicher als eine mit der Bastardierung
essentiell zusammenhängende Erscheinung aufzu-
fassen, da er nur in einem Teil der Fälle überhaupt auftrat und zwingende Gründe zu einer solchen Annahme unserer Meinung nach nicht vor-
liegen.

Die aus den Bastardierungsversuchen der früheren
Arbeiten hervorgegangenen allgemeineren Erfahrungen sind
auch in vorliegender Arbeit fast alle wieder von neuem
gemacht und bestätigt worden.

Eine Ausnahme macht nur die Schnelligkeit der Entwickelung der Bastarde im Vergleich zu der bei den Normalen registrierten.

Wir haben nämlich konstatieren müssen, dass beide
vollkommen gleichen Schritt hielten bis zur Anlage des
Rusconischen Afters, als desjenigen Stadiums, in welchem
die Entwickelung von Normalen und von Bastarden überhaupt gröbere Abweichungen vor einander zu zeigen begann.

Figuren - Erklärung.

In allen Figuren ist:

v	= Dotter.	mp	= Medullarplatte.
r. a.	= Rusconischer After.	ch	= Chorda dorsalis.
ect.	= Ectoderm.	r. w.	= Rückenwülste.
mes	= Mesenchym.	fch.	= Furchungshöhle.

Fig. 1 zeigt ein normales, ziemlich feingefurchtes Ei mit schön abgerundeter Furchungshöhle. Die Furchungshöhlendecke geht ohne Absatz in den Boden über.

Fig. 2. Bastardiertes Ei, etwa desselben Stadiums, doch schon etwas feiner gefurcht. Flacher Boden, dünne, deutlich vom Boden winklig abgesetzte Decke.

Fig. 3. Normales Ei im Anfangsstadium des Rusconischen Afters. ∽förmige Bodenoberfläche.

Fig. 4. Bastard in demselben Stadium. Einfach konvexer Boden.

Fig. 5. Normales Ei, späteres Stadium des Rusconischen Afters.

Fig. 6. Bastard, mit hydropischer Furchungshöhle. Abbiegen der Pigmentlinie des Rusconischen Afters, k = Knick (vgl. Text).

Fig. 7. Bastard. k = Knick (vgl. Text). Hydropische Höhle, verdünnte Decke, etwas plattgedrückt.

Fig. 8. Querschnitt durch den Rücken einer Bastardlarve (R. c. ♂, R. a. ♀, den 1. April 1893 Haupt-Versuch). Gekielte Medullarplatte. Unvollkommene Rückenwülste. Chorda. Urwirbelanlage.

Sämtliche Figuren sind von dem Universitätszeichner, Herrn Zenker, mit Zeiss AA, Oc. 4 in etwa vierfacher, Fig. 8 etwa zweifacher Verkleinerung gezeichnet. (Vergr. ca. 25 bezw. 50 lin.)

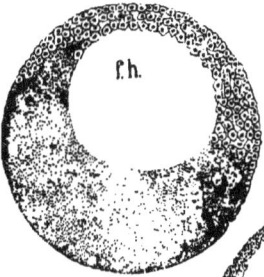

Fig.1

f. h.

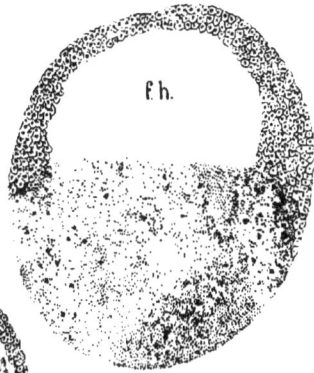

Fig.2.

f. h.

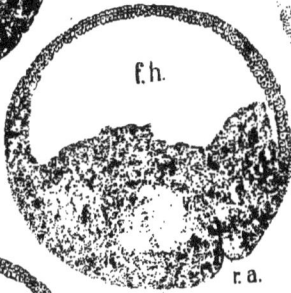

Fig.3.

f. h.

r. a.

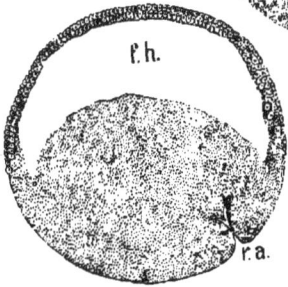

Fig.4.

f. h.

r. a.

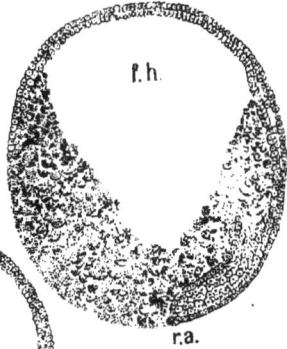

Fig.5.

f. h.

r. a.

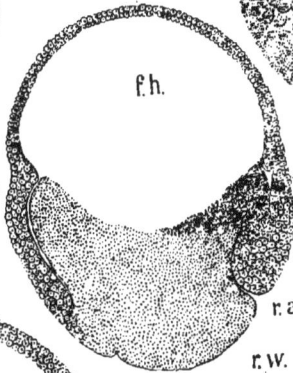

Fig.6.

f. h.

k

r. a.

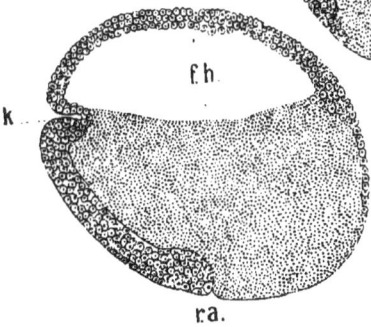

Fig.7.

f. h.

k

r. a.

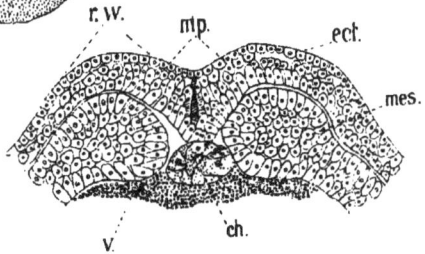

Fig.8.

r. w.   mtp.   ect.

mes.

v.   ch.

Lebenslauf.

Verfasser vorliegender Arbeit, Franz August Max Walter Gebhardt, geb. den 22. März 1870 zu Breslau, Sohn des Prokuristen des Schlesischen Bankvereins zu Breslau Sylvius Gebhardt, besuchte von 1876—1889 das Johannes-Gymnasium zu Breslau, aus welchem er Ostern 1889 mit dem Zeugnis der Reife entlassen wurde. Er wurde darauf an der Universität Breslau in der medizinischen Fakultät immatrikuliert, er studierte hierauf 2 Jahre in Breslau, 1 Jahr in Berlin und zum zweiten Male 1½ Jahr in Breslau Medizin, worauf er im Winter 1893—1894 die medizinische Staatsprüfung mit dem Prädikat »gut« bestand. Unmittelbar darauf trat er als Volontärassistent am Breslauer pathologischen Institut ein. Vorliegende Arbeit entstand in der entwickelungsgeschichtlichen Abteilung des anatomischen Instituts.

Während seiner Studienzeit hörte Verfasser die Vorlesungen und Curse folgender Herren Professoren und Docenten: *v. Bardeleben, Born, Busch, F. Cohn, H. Cohn, Dames, Flügge, Förster, Fritsch, Gottstein, Gusserow, Hasse, Heidenhain, Hürthle, Kast, Kaufmann, Ladenburg, Lewin, O. E. Meyer, Mikulicz, Neisser, v. Noorden, Pfannenstiel, Ponfick, Richter, Röhmann, Rosenheim, Schneider, Soltmann Sonnenburg, Strassmann, Virchow, Wernicke, Wiener,* denen er sich sämtlich zu Dank verpflichtet weiss.

Thesen.

1. Bei der Entwickelung des Carcinoms ist nicht eine aktive Epithelwucherung nach der Tiefe zu das Primäre, sondern dieselbe ist bedingt durch papilläre Wucherung der Bindegewebsbestandteile.

2. Die amitotische ist eine mit der mitotischen gleichberechtigte Form der Kernteilung.

3. Der Hertwigsche Satz, dass eine Zeile bei der Vererbung immer nur der Träger von Zelleneigenschaften sein kann, ist, schon mit Rücksicht auf die Bastardierung verschiedener Arten, unhaltbar.